女子学生はどう闘ってきたのか
小林哲夫
CYZO

序章

世界中で女子学生は闘っている

いま、世界中で女子学生は怒っている。
あまりにも理不尽なことが多すぎるからだ。

２０１９年は、闘う女子学生にとって記念すべき年かもしれない。世界各国の女子学生が気候問題でデモ、ストライキを行った。彼女たちを奮い立たせたのは、スウェーデンの高校生、グレタ・トゥーンベリである。

２０１８年8月、グレタは「気候のための学校ストライキ」という看板を掲げて、気候変動対策をスウェーデン議会に求めて、座り込みなどを行った。やがて、彼女の行動が世界中に広がっていく。

２０１９年9月23日、「国連気候行動サミット」でグレタは大人たちへの宣戦布告ともとれる演説を行っている。

「あなたたちは空っぽの言葉で、私の夢と子ども時代を奪い去った。でも私は運が良い方だ。

人々は苦しみ、死にかけ、生態系全体が崩壊しかけている。私たちは絶滅に差し掛かっているのに、あなたたちが話すのは金のことと、永遠の経済成長というおとぎ話だけ。何ということだ。

過去30年以上、科学は極めて明瞭であり続けた。必要な政策も解決策もまだ見当たらないのに、目を背け、ここに来て『十分やっている』なんてよくも言えるものだ。あなたたちは私たちの声を聞き、緊急性を理解したと言う。でもどれだけ悲しみと怒りを感じようと、私はそれを信じたくない。なぜなら、もし本当に状況を理解し、それでも座視し続けているとしたなら、あなたたちは悪だからだ。そんなことを信じられない。

（略）

あなたたちには失望した。しかし若者たちはあなたたちの裏切り行為に気付き始めている。全ての未来世代の目はあなたたちに注がれている。私たちを失望させる選択をすれば、決して許さない。あなたたちを逃がさない」――共同通信　２０１９年９月25日

同年９月20日、世界各国で「グローバル気候マーチ」と銘打たれた集会、デモ、ストライキが行われた。

グレタは20日夜、ツイッターでこうつぶやいている。

「１６３カ国で４００万人が#Climate strikeに参加し、まだ参加者数をカウントしています。

私たちを脅威だと思っている少数派の人には、悪いニュースがあります。これは始まりにすぎません。変化は近づいています。好むとも好まざるとも」

ドイツでは全国500カ所以上で集会が行われ、150万人が参加している。ベルリンで27万人、ハンブルクで5万人、ブレーメンで1万人集まった。

オーストラリアのメルボルンでは10万人、アメリカのニューヨークでは25万人集まった。

イギリスのロンドンでは10万人、エディンバラでは2万人、ブライトンでは1万人が集会に参加している。

フランス、パリでは1万人が東部のナシオン広場で気勢をあげていた。

CNN、BBCなどの国際放送を見る限り、デモの先頭に立っているのは女子の中学生、高校生、大学生が多い。10代の女子学生が主役だった。

いま世界中で女子学生が怒っている。

なぜ、地球温暖化が進んでいるのに、各国政府は対策を講じないのか。

なぜ、自由と民主主義を圧殺するのか。

なぜ、戦争がなくならないのか。

なぜ、貧困が続くのか。

なぜ、女性へのレイプ、暴力事件などが止まないのか。

なぜ、女性の地位が低いのか。

「私たちはただ民主主義と自由を求めているだけなのに、なぜ、このようなひどい対応を受けなければいけないのでしょうか。日本の皆様、なぜ香港市民は怒りを収められないのか、自由は私たちにとってどれくらい大切なのか、理解していただきたいです」（――11月3日）

香港浸会大学の女子学生で市民活動家のアグネス・チョウ（周庭）はツイッターでこう呼びかけた。ひどい対応とは香港警察による暴力を指す。

香港では若者が街頭に繰り出して政府に対する抗議行動を続けている。発端は逃亡犯条例改正だった。改正案は撤回されたが、香港政府に対する不信感はかなり強い。香港中心部では学生を中心に香港政府への抗議活動が続いている。学生の逮捕者はかなりの数にのぼった。重傷者も多く出している。11月8日には、大学生が警察との衝突で死亡した。

アグネス・チョウは日本語が達者である。ツイッターでの発信、来日したときの記者会見では、日本語を完璧に操って、香港の現状を訴えてきた。当然、彼女自身、活動家のリーダーとして香港政府から厳しくマークされてきた。

「昨日警察が自宅に来て、私は逮捕され、即日起訴されました。（略）３名の立法会議員、そして１０００名近い抗議者がこの運動の中で逮捕されています。逮捕と暴力、法制度の歪曲によって抗議運動を鎮圧しようとしながら、市民の訴えには耳を貸そうともしない、これが香港

政府です」（——8月31日）
香港政府の弾圧にも屈することなく、一方で、こんな思いやりを見せてくれた。
「先週、日本はとても強い台風に襲われました。命を失った、怪我をした、家を失った人がたくさんいます。香港人たち、香港の抗議者たちがクラウドファンディングを行い、日本への義援金を集めました。今までに１００万香港ドル（約１３８２万円）以上が集まり、私たちはこれから日本赤十字社に送るつもりです」（——10月19日）

世界各国で、女子学生が街頭に登場して声をあげている。その国の政策に反対するために。あるいは環境悪化、戦争と平和、貧困など世界中が抱える難問を解決するために。

もちろん、男子もいる。しかし、女子学生のほうが目立つ。メディアが興味本位に女子をクローズアップするからかもしれない。それでも、女子学生が社会と思いっきり向き合っていることには変わりない。

１９６０年代のベトナム反戦、１９９０年代の湾岸戦争反対などの学生デモに比べてもよくわかる。世界的に女子の大学進学率が高まったこともあるだろうが、女子学生はいつの時代も闘っていることを証明しているかのようだ。

２０１０年代後半、世界各国の闘う女子学生を見てみよう。

　また２０１６年には名門の梨花女子大で女子学生が、大学が進める生涯教育支援事業参加の反対を訴えて校舎を占拠、同事業は大学の質の低下を招き、学位を商売として使っていると抗議した。同時期、朴槿恵大統領の友人で実業家の崔順実の娘が梨花女子大に不正入学した疑いが発覚し、梨花女子大では７０００人を超える女子学生が抗議活動を行っている。

　２０１９年８月、韓国の高麗大・ソウル大で法務部長官候補チョ・グクの辞任を求めるデモが行われた。高麗大にチョ・グクの娘が不正入学した疑惑も追及している。

　２０１８年３月、フランスでは学生がマクロン大統領の大学入学改革に反対し、ストライキを行ってキャンパスを封鎖した。きっかけは、「学生の成功とオリエンテーションの法律」が作られたことである。女子学生が目立っていた。この法律は新入生を選別する内容が含まれており、学生が怒った。フランスは国のスローガンとして、「自由・平等・博愛」を掲げており、教育はすべての人に開放されているはずだ。それを政府自らが守らないのはとんでもない話だと、学生たちは「大学入学で学生の選別をするな」と訴えた。彼らは具体的に男女差別、移民差別についても言及し、社会的に弱い立場の女性、移民、貧困ゆえに学業が振るわない者が大学への入学を制限されるべきではない、だれもが平等に学ぶ権利があると訴えている。

　２０１８年10月、イギリス。ＥＵ離脱反対を訴えるデモが行われた。ロンドンのウェストミンスター宮殿付近には57万人が集まり、その参加者たちの中にはＥＵ旗を振る女子学生の姿が多く見られた。イギリスがヨーロッパの一員でなくなることを拒んでの意思表示であり、ＥＵ

離脱の可否をめぐる国民投票を求めていた。

２０１６年11月、アメリカ。カリフォルニア大学ロサンゼルス校（ＵＣＬＡ）では、大統領選挙において共和党候補ドナルド・トランプが当選確実となったことを受けて、反トランプデモが起こった。キャンパスでは女子学生のトランプ批判がこだまする。

２０１８年３月、アメリカ、ワシントン。高校生、大学生を中心に銃規制強化を求める「私たちの命のための行進」が全米約70カ所で行われた。ワシントンで約80万人が集まっている。同年２月にフロリダ州で起こった高校での銃乱射事件で17人が死亡したことを受けての抗議デモだった。女子高生、女子学生がデモ行進の先頭に立ち、スピーチを行い、「全米ライフル協会から献金を受ける政治家を選挙で落とせ」と叫んだ。

２０１９年９月、メキシコ。２０１４年に南部ゲレロ州で学生43人が警察に捕まったあと行方不明になった事件を究明するデモが行われた。メキシコ検察は学生43人が犯罪組織によって殺害後、焼却されたと発表したが、真相は明らかになっていない。女子学生は行方不明になった学生の写真を横断幕に貼り付けてデモ行進を行った。


戦争、暴力、汚職、不正、抑圧、弾圧などに反対して、いまの体制に「ＮＯ」を突きつけようとする学生たち。その先頭、中心に必ず女性が鎮座する。女子高生、女子学生だ。

大学で専門知を身に付け、教養を磨いた女子学生が世界を変えようとしている。世の中を良くしようとしている。

日本国内でも女子学生が闘っていた。

なぜ、戦争につながる安保関連法が成立してしまうのか。
なぜ、森友・加計学園問題など政官財の不正がうやむやにされてしまうのか。
なぜ、近隣諸国を差別するヘイトスピーチが堂々とまかり通るのか。
なぜ、レイプした加害者が罪に問われず、被害者女性がバッシングに遭うのか。
なぜ、週刊誌は「ヤレる女子学生」など女性を蔑むのか。
なぜ、大学教員はセクハラ、パワハラを繰り返すのか。
なぜ、医学部から女性を閉め出そうとするのか。
なぜ、就職試験で採用担当者は女性を差別するのか。
なぜ、ＯＢ訪問で女性を襲ったりするのか。

世の中、おかしい。これらに目をつむっていいのだろうか。がまんして受け入れるしかないのか。

女子学生は知性をフルに活用した。フットワークを生かして行動を起こした。ＳＮＳで発信する。集会でスピーチをする。デモ行進で多くの人々に訴える。

実際、アクションを起こす女子学生は多くはない。しかし、世の中はおかしいと感じている女子学生がいる。それは、子どものころから「女子」ということだけで、さまざまな制限、制約を受けてきたことが身にしみついているからだ。もちろん、教育の現場では男女平等が根づいており、あからさまな女性差別はないということになっている。たとえばクラス委員や生徒会長に女子がなれないことはないなど。

でも何かが違う。

「女の子らしくお人形遊びをしなさい」

「女の子なのだからおとなしくしていなさい」

「女の子だから文系に進みなさい」

「女の子だから親から離れず地元の大学に進みなさい」

「女の子だから1人暮らしはいけません」

そう言われながら高校まで育ち、法律上では年齢的に成人となる女子学生になった。しかし、キャンパスでは理不尽なことがなんと多いことか。

女子学生は生きづらい。

女子学生の歴史をほんの少しふり返ってみると、女子学生の存在そのものがメディアで大きな商品価値を持ってしまった時代がある。ネットがない昭和の時代、女子学生をメインに据えたテレビ番組、「女子大生」という枕詞の付いた週刊誌記事が注目される。「女子大生ブーム」などと言われ、ちやほやされてしまった。

女子学生も自らの価値を自覚し、それを活用して社会にアピールするようなところもあった。在学中に読者モデルになって、ミスコンに入賞して、アナウンサーになって、という夢のようなライフプランを描く。

一方、女子学生が増えることによって、「女子大生」という「銘柄」はますます性的嗜好の対象になっていく。１９６０年代、すでにポルノ映画のタイトルになり、キャバレー、ピンクサロン、デートクラブの看板に登場するようになった。売春グループでは密かに売りになってしまう。１９８０年代以降、「女子大生」がアダルトビデオに出演したことが話題になる。

そして、犯罪である。

残念なことに、犯罪に巻き込まれたのが女子学生ということで、また、女子学生ゆえに犯罪に巻き込まれたことで、これが興味本位で報じられ、ネットで拡散されてしまう。それによってさらに女子学生の身が危険にさらされる、社会から理不尽な扱いを受けるようになった。セカンドレイプである。

２０１０年代後半になって、こうした状況に対して声をあげる女子学生が実名や顔出しで登場した。性暴力と闘うために。

本書では、戦後、女子学生が生きてきた歴史を、さまざまなアングルから追いかけた。おもに社会と向き合う姿を描いているが、その範囲はめいっぱい広げた。大学生活、課外活動、社会運動、学生運動、メディアでの発信、ミスコンや読者モデル、芸能活動などである。

これらをとおして、女子学生が社会とどう向き合ってきたか、そこで理不尽なことに直面したとき、彼女たちはどう闘ってきたか——を描いた。

女子学生にとって理不尽なことはまだまだ多い。差別される、不利益を被る、そんな社会構造を変えれば、理不尽が少しでもなくなるだろう、その結果、社会が良くなると、わたしは考えている。本書ではこうした視点から、女子学生の歴史を辿ってみた。

なぜ、大学生全般を語るのではなく、ことさら女子学生を取り上げるのか。男子学生と分けなければならないのか。

理由は大きく分けて2つある。

1つは、女子学生が入試、教育、就職で不利益を被ってきたからだ。入試については悲しいかな、最近でも医学部で入学が制限されている。教育では女子学生に対するセクハラ、パワハラが横行して学問にしっかり取り組めない。就職では一部の業種で女子への門戸が長い間、閉ざされている。さらに、女子学生は性的対象として興味本位に語られることが多い。女子学生への歪んだ見方がエスカレートして、強姦、痴漢、ストーカーなどの性犯罪につながるケースも起こっている。こうした問題を詳らかにするため、本書では「ことさら」女子学生に絞って歴史、現状をまとめた。

もう1つは、最近、女子学生が闘う姿を多く見かけるようになり、彼女たちを描きたかったから。反原発運動、2015年安保関連法案反対運動では女子学生のスピーチが大きな関心を呼んだ。最近では温暖化防止対策、学費無償化、性暴力反対を求める運動で女子学生が最前列で声をあげている。これらは報道での映像や写真から「女子学生が多いなあ」という感覚的な見方であり、統計的な裏付けは何もない。ただ、これまでの学生運動、学生による社会運動に比べると女子が増えたのは確かだ。1960年代、70年代に比べて女子学生の絶対数が増えたことも大きい。ただし、「女子が多いなあ」と印象づけられる映像や写真は、男性目線のカメラアングルで「女子」を多く撮ろうという意図によって生み出された結果と言える。

女子学生は差別され不利益を被った。そして、女子学生は闘っている。

これが本書を貫く大きなテーマである。

本書では女子学生の定義を、原則として四年制大学に通う女子とする。短期大学、専門学校は含まない。したがって、本書でしばしば使われる女子学生の進学率は、四年制大学を対象としている。

ここで、女子学生という表記について明確にしておこう。

なぜ、「女子大生」ではないのか。女子学生は男子学生に対する言い方であることを重視した。「女子大生」には対称となる言葉がない。「男子大生」とはほとんど言わない。

そして、「女子大生」という言葉の先には、女子を軽くとらえる風潮を感じてしまうからだ。もっといえば、いわば商品性がつきまとってしまう。性的対象として、より興味本位に扱われてしまう。実際、「女子大生」を枕詞に使うと興味を引き、売れる。たとえば「女子大生タレント」「女子大生作家」「女子大生キャバクラ」「女子大生ヌード」「女子大生AV女優」などだ。このような「女子大生」という言い方が広がることによって、女子学生の本当の姿が見えにくくなってしまうと思い、本書では「女子学生」と表記した。なお、「女子大生」について、女子大に通う女子を指す場合もたまに見られる。女子大の学生ということだ。本書では、共学、女子大の区別なく女子学生と表記する。

『思考の整理学』で有名な英文学者、言語学者の外山滋比古が、女子学生と「女子大生」についてこんな一文を寄せている。

「以前、女子の学生に、どう呼ばれたいか、きいたことがある。56人のクラスだったが、〝女子学生〟が32人、57％、〝女子大生〟が21人、38％、どちらでもなく〝学生〟とか〝大学生〟とかいわれたいと答えたものが３人、５％という結果になった。

こういうのはいわば好みの問題である。大学が変わり学生が変われば別の数字が出るだろう。これが女子の大学生の気持ちを代表しているというつもりはない。世の中では〝女子大生〟をもっとも多く使っているから、一般の用法とも合致しない。

さきの56人には勉強家が多いが、〝女子大生〟には軽くて、おしゃれで、遊んでいるというイメージがあると感じ、女子学生はまじめでかたく、古いが、レトロで古いのは好ましいというものもあった。また、〝女子学生〟は高校生みたいと思うのが4人もいる。制服を連想するらしい」――朝日新聞１９８９年9月14日

外山は東京教育大、お茶の水女子大、昭和女子大で40年以上教え、１９９０年代末に大学教授職を退いた。執筆した１９８９年は「女子大生ブーム」が翳りを見せ始めたころだが、外山が聞き取った「女子大生」の「軽くて、おしゃれで、遊んでいるというイメージ」は、２０２０年のいま、変わりつつある。経済的に苦労している女子学生は少なくない。アルバイトと勉強に追われ、遊んでいる余裕はなくなり、サークル活動する時間もないぐらいだ。30年前の「〝女子学生〟32人、57％」という多数派を、本書は尊重したことになる。

外山が言うように「好みの問題」ではあるが、女子学生のほうが適用範囲は広く、さまざまな側面から女子の大学生を語ることができ、「女子大生」はやはり軽さが漂ってしまい女子の大学生を幅広く描けないと思い、原則として女子学生は地の文で、「女子大生」はカッコをつけて言い表すことにした。

目次

第3章 女子学生、闘いの歴史——社会運動 69

第9章 女子学生、就活での闘い 275

第1章
2010年代後半、女子学生の怒り

2010年代後半、女子学生は怒っていた。

本章では、闘う女子学生を紹介しよう。

大学生は政治に関心はない。社会に興味を持たない。自分の安定した将来を最優先に考えているので、とても保守的になる。各メディアの世論調査によれば、安倍晋三政権に対する支持率も他の年代に比べて高い。それゆえ、大学生に怒っているそぶりは見られないと思われがちだが、そんなことはない。

女子学生という立場から、腹が立つこと、つらいことをたくさん経験する。それを「仕方ない」と見過ごせない女子学生が、いま、声を上げ始めた。

「ヤレる女子大学生」はひどすぎる――国際基督教大

2019年1月、国際基督教大4年の山本和奈は怒っていた。『週刊SPA!』（――2018年12月25日号）の「ヤレる女子大学生RANKING」には、ひらたくいえば、セックスしやすい女子学生として大学の実名があげられている。山本は「最初に記事を見たときに、いてもたってもいられなくなった」とその衝撃を振り返る。

彼女はさっそくSNSをフル活用して、同記事の撤回と謝罪、女性軽視や差別用語の使用をやめることを要求する署名を集めた。1月4日に始めて3日間で2万6000人以上の賛同者を集めた。

まもなく、『SPA!』は最初のコメントを発表した（——1月7日）。「扇情的な表現を行ってしまったこと、読者の皆様の気分を害する可能性のある特集になってしまったことはお詫びしたい」という文面だった。

これに対し、山本は「論点が全くズレている」と感じた。なぜ書いたのか、どういうプロセスで書いたのか、疑問に思った人はいなかったのか。この記事を通して何を伝えたかったのか。『SPA!』はどんな世界を作りたいのかを知りたかった。山本らは『SPA!』に面会を求めた。

「雑誌の廃刊が問題の解決だとは思っていません。『私たちVS雑誌』、『女VS男』にもしたくありません。今後の対策、問題の根本解決について話し合えたらと思っています。編集部の1人を説得することもできなければ、社会を説得することはできない。逆に1人が説得できたら、みんなに伝わるんじゃないでしょうか」

『SPA!』は面会に応じた。山本らは、扶桑社の編集責任者と話し合いをもった。

山本は、女子学生のなかには校門で待ち伏せされるなど怖い経験をしている人も多い、「ヤレる女子大学生RANKING」記事はこうした女性の意思を尊重しない行為を助長する、と指摘する。編集長は「そこまで考えていなかった」と回答し、「女性をモノのように扱っていたことは反省する」と頭を下げた。

山本は次のように質している。

「このような記事を出版することで、批判を受けると思わなかったのでしょうか？　ランキングで名前を出された大学に、もし自分や家族が通っていたら……と考えなかったのでしょうか？」

同席した女性編集者はこう答える。

「実は、『SPA!』編集部の女性編集者のなかには、今回の特集掲載後に『ひどいね……』『読んでいてつらい』という声もありました。私もひどいと思います。ですが、出版される前にその声を吸い上げる仕組みになっていなかった。（略）『SPA!』も含めて男性週刊誌の性的記事がどんどん過激化していくなかで、見るに堪えないと思いつつ、私も感覚がマヒしていたと思います」

面会の後半で山本と扶桑社側はこんなやりとりを行っている。

「ここから、まさかの展開で、彼女たちからセクシュアルな記事についてのアイデアが次々と提案されました。４人とも海外在住経験があり、男女が性を主体的に語るカルチャーに親しんできたそう。英語交じりで性についてオープンに語る４人に、『SPA!』編集部も触発されました」――『日刊SPA!』上記のやりとりもここから引用

山本が署名活動をするなかで、ネット上では誹謗中傷するコメントが少なくなかった。「この子は就職できないね」「もし内定を出している企業があれば取り消すべき」などである。しかし、山本は堂々としていた。

「私は気にしません。こんな状況では声が上げられないのもよくわかります」

一方、「ヤレる女子大学生RANKING」で名指しされた5つの大学すべて、ウェブサイトで「遺憾」「抗議」声明を出している。

その後、山本は大学を卒業して南米チリに渡った。

2019年、チリの政情は大変不安定になっている。首都サンティアゴなどで、政府への抗議デモを行う市民と警官隊のあいだで激しい衝突が起こった。政府は非常事態宣言を発令し、夜間の外出が禁止されてしまった。

山本はSNSでこんなリポートを送ってくれた。

「催涙ガスに3度もやられました。目は焼けるわ、涙は止まらないわ、吐き気もするわ。でも、その中でも医学部の学生や、赤十字が重曹入りの水を渡しあったり、国民同士がレモン、ティッシュを共有して助け合ったりしている姿に、希望が見えました」（――10月21日　以下、すべてサンティアゴ現地時間）

チリで何が起こったのだろうか。抗議デモのきっかけは、10月6日、燃料価格の上昇を理由に、サンティアゴの地下鉄運賃の約4パーセント引き上げが発表されたことだ。これに対して学生らが市街をデモ行進し、無賃乗車を繰り返すことで抗議の意を示した。やがて抗議活動は都市部に広がり、サンティアゴ中心部の駅や警察署が襲撃される。

10月18日、ピニェラ大統領は非常事態宣言を出すとともに、19日には地下鉄運賃の値上げを凍結すると発表した。サンティアゴの治安維持を担う軍は、19日午後8時から21日朝6時までの外出禁止令を出した。地元検察の発表によれば20日夕方時点で、この日のデモに関連して約1500人が拘束されているという。チャドウィック内務大臣は記者会見で、「暴力や破壊行為がエスカレート」と説明している。衝突によってこれまでに15人が死亡した。22日、ピニェラ大統領は、国民に謝罪するとともに、基礎年金支給額の増額や最低賃金を引き上げるための補助金を出すことなどを明らかにした（――AFPBBニュースから）。

暴力、暴徒といった政府発表や報道について、山本はこんな感想を示した。

「暴力的、は確かにそうかもしれない。だけどテレビを見ていると、数万人集まった『平和』なデモの、暴力的な騒動を起こしているあえて数人だけにカメラを向ける。実際、歌い、声を上げている国民に対して暴力的な騒動を起こしているのは、国民のお金で作ったり買ったりした催涙ガスや水ボンベを、国民に対して投げまくる警察や軍ではないのか？

暴力的なデモやマニフェストに対し、私は反対だ、基本的には。だけど、今回の騒動を見ると、たしかにマニフェストが悪化して、強盗をしている人もいるけど、それだけ、格差があること、それだけ、人々が限界なことを表しているのではないのか」

山本は暴力に理解を示すわけではない。だが、暴動にまでに至ったチリの状況について、彼女なりに考えている。そして、集会に足を運んだ。そのときの気持ちをこう綴っている。

「地下鉄の運賃値上げだけが問題ではない。水道や電気の民営化、保険や年金制度の不備、教育格差、貧困層の拡大など、公共政策の未整備、社会福祉政策の欠落が作り出したさまざまな問題に対して、市民は抗議しているのではないか。

チリも、香港だと思うぐらいの景色になっています。チリの運動は、やはり学生が活発です。ある意味、羨ましいぐらい学生が声をあげています。それぐらい、１９９０年に終わったピノチェトの独裁政権により、国民が敏感なんだな、と思います。私も、明日は安全第一を守りながら、学生主体のマニフェストではなくても参加しようと思います。これは、国境を超えた問題だから。こうして、どんどん格差を許してしまい、世代を超えた格差社会を止めるには、私たち若者、そしてある意味恵まれた環境で育った私たちこそ、一緒に戦わなければいけないと思ったから」

山本は日本に向けて、こう語りかけた。

「日本は、安全ですか？　幸せですか？　日本も、チリと変わらないぐらいの格差社会です。男女格差もそうだけど、貧富の差、教育格差、情報格差。3世代にわたった格差社会と言われています。チリはいま、さまざまな『格差』、そしてそれを作り上げるシステムに対して、戦っています。ですが、戦っている内容、声を上げているポイントは正直日本にもあります。

日本で、どれだけ大企業が税金を払っているのか。なぜ原発が世界で4番目に多いのか。なぜこんなにもギリギリで生きている人が多いのか。考えてみてください。これは、長年、私たち日本人が、茹でガエルのようにゆっくり茹でられてきたからです。だけど、国をつくるのは企業でも、政治家でもありません。人です。私たちです。そしてこの国の未来は私たちです。その次の世代のために引っ張るのも、私たちです。だからどうか、目を覚ましてください。耳を傾けてください。もし、今の生活にまったく違和感がないのであれば、あなたは恵まれています。その分、あなたの行動、あなたの発言は、何か変化をもたらす可能性があります。だからどうか、声が届かない人の声に、耳を傾けてください」

批判の矛先は日本に向けられ、激しいことばで訴えるが、そこには、「ヤレる女子大学生」を批判した山本の思いに通じるものがある。

山本の言動はなかなか激しいが、彼女を高く評価する人たちがいる。

国際基督教大同窓会は山本を「大学および同窓会の魅力度・知名度を高めることに貢献した方々」として表彰した。その理由についてこう記している。

「在学中、２０１８年12月25日号・雑誌『週刊SPA』に掲載された女性蔑視の記事に対し、自ら立ち上がり署名活動を展開した。直接編集部を訪れ抗議を申し入れ、謝罪を勝ち取った勇気ある行動は、それまで違和感を持ちながらも声に出せなかった多くの人々を勇気づけた。『おかしいと思うことには自ら声を上げる』という信念を通し一般社団法人Voice Up Japanを立ち上げる」——国際基督教大ウェブサイト

社会に向き合う学生を大学がきちんと評価する。山本自身、母校を愛して止まない。社会運動に関わるテーマで、大学と学生がリスペクトし合うケースはめずらしい。

医学部女子入学制限に反対する――筑波大など

２０１８年、大学が女子を受け入れない事態が発覚した。医学部入試での女子差別である。同年8月、東京医科大が医学部医学科の入学試験で、女子や浪人生の点数を一律に減点していたことがわかった。大学側は、女子の入学を制限した理由として、「結婚や出産による女性医師の離職率の高さへの懸念」をあげた。

この問題を受け、文部科学省は全国の医学部をもつ大学に調査を行ったところ、２０１８年度までの過去6年間の入学試験において、約8割の大学で男子の合格率が女子を上回っていたことが明らかになった。このなかには、成績以外で女子の入学を制限した大学があった。順天堂大もその1つである。新井一学長はこう弁明している。

「女子のほうが精神的成熟は早く相対的にコミュニケーション能力が高い傾向があります。20歳を過ぎると差がなくなるというデータもあり、男子を救うという発想で補正しました」

なぜ、ここで「男子を救う」ために「補正」しなければならないのか。

女子のほうが成績優秀だ。まともな選考では女子が多くなる。しかも女子はコミュニケーション能力もすぐれている。困った。そうだ、これを逆手にとろう。医師に必要なコミュニケーション能力について、男子は生まれつき十分に備わっていない、というハンディがある。

ただ、それは年を経れば身につくものだ。こうしたハンディを解消するために、男子にアドバンテージを与える。そのために女子には入試で厳しい選考をすればいい。

順天堂大は女性差別と言われることを恐れて、このような「補正」で正当化をはかろうとしたが、もちろん、こんな理屈、通るわけがない。

2018年10月、筑波大学医学群医学類6年の山本結は、「入試差別をなくそう!学生緊急アピール」で次のように訴えた。

「性別や年齢などの属性を理由に学ぶ機会や職業選択の自由を奪われることは到底許されないことであり、これらの事例は明らかな差別です。不当な得点操作によって不合格となった元受験生は、さらなる浪人や進路変更を強いられ、その被害ははかり知れません。元受験生の被害救済のため、これらの事例に該当する大学には、早急な事実確認と説明、その上での適切な被害救済措置が求められます。文部科学省は大学へ自主的な公表を求めましたが、差別的な入試や不正を行っていた当事者である大学の内部調査では客観性に乏しく、信頼性が確保できません」

こうしたなか医療系の学生が集まって、この問題に立ち向かいたいと考え、緊急的な団体として「入試差別をなくそう!学生緊急アピール」を立ち上げた。その中心メンバーが山本結である。

「まだ社会的になんの力もない医学生という立場で何ができるのか、声を上げても入試差別をなくすことはできないのではないか、という思いも確かにあります。しかし、たとえ小さい声でも『おかしい』と声を上げなければ、永遠にこの問題を解決することはできません。この問題は被害を受けた元受験生の問題であり、これからの受験生の問題であり、私たちと、私たちの先輩や後輩と、私たちとともに受験を経験したかつての仲間たちの問題です。そして、医学部入試に限らず、同じような差別に苦しむ全ての人の問題なのです。私たち一人ひとりが当事者としての意識を持ち、声を上げていくことが、入試差別をなくす第一歩となるはずです」

山本は東京学芸大附属高校から1年間浪人して筑波大に入学した。浪人中、駿台予備学校市谷校舎に通っていた。ここは医学部受験コースであり、この医学部は女子に不利という話がすでに出ていた。東京医科大の女性入学制限の報に接して、山本は「やっぱりそうだったのか」とひどく落胆している。

山本自身、大学に入ってから、社会の動きに関心を持っていた。映画監督で評論家の想田和弘の『日本人は民主主義を捨てたがっているのか?』を読んで、大きな衝撃を受ける。「日本は民主主義がちっとも根づいていない。自由も平等もなく、このままでは戦争に突き進んでしまう。一方で貧困と格差の問題が少しも解決できず、弱者が少しも報われない社会になっている。理不尽さを感じました。大学入学後、特定秘密保護法、安保関連法案の反対運動に関わりました」

２０１５年の安保法制のころは、国会前で集会が行われたとき、医学生という立場で救護班に廻っていた。

性暴力をなくしたい——東北大

２０１９年9月11日、全国でフラワーデモが行われた。札幌、仙台、東京、長野、静岡、名古屋、京都、大阪、三宮、松山、福岡、熊本、鹿児島、那覇など21カ所にのぼる。

フラワーデモとは、性暴力反対の運動である。きっかけは、２０１９年3月に下された法的判断だった。19歳の娘をレイプしたとして起訴された父親が無罪となった名古屋地裁岡崎支部判決、女性が酔いつぶれて抵抗できない状態だったと認めながら「男性が合意はあったと勘違いした」ので無罪とした福岡地裁久留米支部判決など——である。

フラワーデモは4月に始まり、毎月11日に全国各都市で行われている。

このなかで、仙台で行われたフラワーデモの発起人は全国でもめずらしい大学生だった。東北大2年の益子実香である。益子は3月のレイプ無罪判決を受けて生きる希望を失い、涙が止まらなくて何もできなくなってしまった。東京などでフラワーデモがあることを知ったが、遠かったので簡単には行けない。そこで、東北で誰もやらないなら私がやろうと、ツイッターで呼びかけた。6月のことである。益子は社会問題に関心はあったが、デモに参加したことは一度もない。

デモの呼びかけはハードルが高く感じ、やったところでどうなるのかなという思いがあった。家族も心配した。だが、誰かが行動しないと何も変わらない。そう思ってデモを行うことにした。

益子は顔や名前を出して呼びかけた。ＳＮＳで批判を受ける覚悟をしていたが、思っていたよりも応援や賛同の声が多い。親しい友だちも「協力する」と参加してくれた。

２０１９年10月、益子はこうスピーチしている。

「フラワーデモを呼びかけた後、とても仲の良い友人から『私も実は……』と性被害を初めて打ち明けられました。身近に性被害にあった人がいたなんて知らなかった。あらためて、ぜったいに許せないと思いました。今も、フラワーデモの前後は食事がとれないくらい心が疲れてしまいます。それでも、同じ思いを持った全国の人たちとつながれてうれしい。デモはもちろん、さまざまな取り組みを通じて刑法の改正など社会を変えていきたいです。

日本の性被害やジェンダーについての認識を世界と比べると、日本にいることがつらくなる時もあります。でも、どの国も行動した人がいたから変わったと思う。日本もきっとできる。みんなで頑張りましょう」

２０２０年3月、名古屋高裁は、名古屋地裁岡崎支部が下した父親による19歳の娘へのレイプに対する無罪判決を破棄し、懲役10年を言い渡した。娘が当時「著しく抵抗困難な状態」

だったと認めた。判決では、娘が「抵抗した後も殴られ、性的虐待が繰り返されたことで娘の抵抗の意思が弱まり、抵抗困難な状態がむしろ強まった」として、「犯行の常習性は明白で、被害者の肉体的、精神的苦痛は深刻で重大だ」という法的判断をくだした。フラワーデモなどが社会を大きく動かした。女性たちの、少しでも世の中を変えたいという思いが通じた、といっていい。

温暖化対策を求める――立正大、神戸大、長崎大など

2019年9月20日、東京、愛知、京都、大阪、兵庫など23都道府県で「グローバル気候マーチ」が行われた。参加者は東京の2800人を含めて日本国内で5000人にのぼった。この運動は世界同時に行われたデモであり、163カ国で約400万人が参加している。きっかけは、スウェーデンの16歳の少女、グレタ・トゥーンベリだった。彼女は気候変動への対策強化、たとえば、脱炭素社会の実現を訴えて学校でストライキを起こし、毎週金曜日にストックホルムの国会議事堂前で座り込んだ。この活動は世界中に広がることになり、「Fridays For Future（未来のための金曜日）」と名づけられた。2019年、グレタの運動に大きな衝撃を受けた女子学生がいた。立正大の女子学生である。自分よりも年下の少女が、ストライキ、座り込みをして抗議している。そして、「COP24」（――気候変動対策を話し合った国連

気候変動枠組条約第24回締約国会議　２０１８年12月　ポーランドで開催）、ダボス会議でスピーチしている。彼女は自分も何かしなければと思い「Fridays For Future Japan」を立ちあげて、ＳＮＳで呼びかけた。彼女は前年、環境ＮＧＯ「フレンズ・オブ・ジ・アース」（FoE）でインターンを経験しており、環境問題で社会貢献できればと考えていた。

2月22日、日本で初めてのデモが都内で行われた。彼女はこう挨拶した。

「先週から呼びかけて、今日は何人来てくれるか不安でしたが、こんなに来ていただいてうれしいです。メディアの方がまだ多いですが」

この日のデモで、「人からどう思われようと私たちは声をあげる」と書かれた段ボール紙を手にしていたのが、神戸大の今井絵里菜である。

彼女は高校生のころ、ヨーロッパの経済学者が環境について講演するのを聞いて環境経済学に興味をもった。大学で経済学を勉強する傍ら、「ＣＯＰ23」（――２０１７年　ドイツ開催）、「ＣＯＰ24」にも参加している。

2月のデモで今井はこう話している。

「日本では、デモやアクションに参加すると就活に響くなどと言われますが、若者が声をあげないと、日本は変わりません。普通に気軽に参加できることを知ってほしい」

そして、Fridays For Future Japan結成から半年経った9月20日のデモでは、各地で予想を大きく超える若者が集まった。今井はこう話している。

「若い世代が気候変動に危機を感じている、そのことをデモで示し、各国政府の温室効果ガス排出量の削減目標の引き上げを求めていく。自分たちが声を上げて動くことで社会は変えられるのです」――しんぶん赤旗2019年9月23日

Fridays For Future Japanは、Tokyo、Nagoya、Kyoto、Osaka、Kobeと全国で作られている。「Fridays For Future Tokyo」「Fridays For Future Sendai」「Fridays For Future Kyoto」「Fridays For Future Osaka」「Fridays For Future Kobe」「Fridays For Future Fukuoka」などだ。

国内で初めてのデモは、2019年2月22日に行われた。「Fridays For Future Tokyo」の立教大の宮崎紗矢香はこう話している。

「彼女の発言は、当時私が就活で出会った『大人』や『社会人』に抱いていた行き場のない憤りを見事に代弁していました。環境問題は、二の次で利益最優先が当たり前。世の中はそんな簡単に言えるほど甘くない。『若者』の自分は、そんな通説で度々口を塞がれてきました。けれど、グレタさんは世界の大人を前に、見事に言い返していました。16歳の少女の言葉を聞いて、世の中を知らないのはむしろ、経済成長しか頭にない大人の方ではないかと思いました。そして、これからの時代を生きる私たちの世代こそ、彼女のようにみずからの未来が脅かされていることを認識し、躊躇わずはっきりと大人へ向けて物申す権利があるのだと実感しました」

――「Fridays For Future Tokyo」ウェブサイト　9月9日

熊本市内で初めてグローバル気候マーチが行われた。立命館アジア太平洋大3年の戸田彩香が先頭に立っていた。「これまでの21年間でいちばんたのしかった」とふり返っている。

戸田はスウェーデンのリンデン大学在学中、学生たちが気候変動を自分のことと捉え議論している姿をみて大きな刺激を受ける。帰国後、運動を起こして主体的に現状を変えたいと思うようになり、熊本市内で活動を始めた。さっそく、市内で「気候非常事態宣言を求める陳情」に向けて1624人分の署名を集めて、熊本市に提出している。

長崎大学多文化社会学部の永江早紀は、「Fridays For Future Fukuoka」のウェブサイトでこう話している。

「家族の影響で幼い頃から、このままでは地球の寿命が危ないと思って『エコに！エコに！』と思って、生きてきました。しかし、この歳になって色々勉強したり、いろんな国に行ったりしてみて、思ったより環境問題は深刻だということに気がつきました。そしてさらに！！！日本の環境問題に対する意識の低さがもっともっと深刻だと思いました！そんな時に一人で行動に出たグレタさんの想いが世界中に広まっていき、それが福岡にも！ということで、これはぜひぜひ乗っかってしなければ！！と思い参加してます！！」

11月、神戸大で気候ストライキが行われた。学生がフェイスブックでこう綴った。

「立て看板の前、ロックでしょ？　座り込みに勇気は必要やけど、これで自己満足はしてはいけない。だって周りに影響を与えられていないもの。（略）まずは試行錯誤してみる、誰かの目に留まるために行動することが一番重要やけど」

前出、神戸大の今井は次のように話した。

「私たちは、常に科学と向き合い、未来のために行動を起こすことを呼びかけています。だから反対を連呼するだけではなく、自分たちが生きたい未来を考えることが求められています。私たちの活動は、『政治活動』というよりは一緒により良い社会を目指す『社会運動』だと考えています。気候ストライキやマーチも、欧州と比べると爆発的な盛り上がりを見せていないところに、日本社会ならではの閉塞感や見えない壁を感じてしまう。それでも私は声を上げることに意味があると考えます。声をあげることで、今まで社会に隠れていた問題が顕在化する。『いじめや虐待が増えている』というのも、声を上げる人が増えたからです。自分にとっても、社会への違和感や問題意識を共有する仲間と出会い、議論できる場は、もどかしい思いの『助け舟』になります。私たちの活動が終止符を打つ日がいつか来ると信じて、声をあげ続けます」——毎日新聞２０１９年12月20日

高等教育無償化を求める——東京大など

２０１９年7月、新宿で高等教育無償化を訴える集会が行われた。主催したのは高等教育無償化プロジェクト「FREE」で、首都圏の大学生で構成されている。「FREE」の東京大の女子

学生は街頭でこう訴えた。メディアでも積極的に取材に応じている。

「すべての学生を対象に、高等教育の無償化が必要です。無利子でお金を借りられないから、と、大学進学をあきらめた友だちが多い。親から『おまえは大学へやれない』と早々にあきらめた高校生もいます。高等教育を受けられないのは、本人の努力不足かのような自己責任論を押しつけられるのは、おかしな話です。こうした風潮を変えて、だれもが安心して大学で学べる社会を作っていきたい」

この女子学生は8歳のとき、父を病気で亡くす。バブル崩壊で父が背負った借金が残った。母がパートに出て家計を支えた。長女も昼にアルバイト、夜は定時制高校に通いながら、一家を助けた。

2017年、彼女は長崎県の公立高校から東京大に進んだ。大学には給与収入400万円以下の世帯の学生は授業料全額免除という制度がある。彼女はそれを活用して、授業料の年額53万5800円は免除された。仕送りはなく、無利子の奨学金とアルバイトで生活費をまかなっている。

彼女は、大学への進学について、当初、自己責任論に近い考え方を持っていた。学費が払えなくて私立大学を中退するならば、努力して国立大学を目指せばいいではないかと。しかし、地元の友だちから、自分が大学生であることを、ずいぶんうらやましがられてしまう。その友だちは親に経済的な理由で大学は無理と言われて、働くようになった。

彼女はその話を聞いて、自己責任論で語る問題ではないと考えた。大学で学びたいならば、授業料をタダにしてだれもが学べるようにすればいい。一人ひとりさまざまな可能性を持っているのに、大学への道を閉ざして好きな勉強ができない社会のあり方を変えるべきだと思い、高等教育無償化を訴えるようになった。

学生生活は大変である。彼女は交際費をできるだけ抑えてきた。入学当初、新入生歓迎会に出ておらず、なかなか友達ができなかった。教科書代を削るため、シラバスから教科書が必要のない授業を選んだ。奨学金の返済額は、大学卒業時で250万円になる。大学院進学を希望しているが、借金が増えてしまうゆえ、悩むことがあるという。

就活セクハラを撲滅せよ――慶應義塾大、国際基督教大など

2019年12月2日、厚生労働省内で女子学生5人が記者会見を開き、就職活動中のセクハラがあまりにも深刻ゆえ、厚生労働省や文部科学省に対策をとるようにと訴えた。彼女たちは就活セクハラ問題などに取り組む学生団体「SAY」(Safe Campus Youth Network)のメンバーであり、東京大、早稲田大、慶應義塾大、上智大、創価大、国際基督教大などで構成されている。

就活セクハラとは、面接、OB訪問、インターンなどでハラスメントや性被害を受けること

である。面接時では私生活を追及される、性的な話題を振られることなどが多い。

「彼氏はいるの」

「彼氏とはどこまでの付き合いなのか」

「美人ではないけど、面接で受かるくらいのかわいさはあるよね。恋愛すればもっと変わるのに」

「うちの会社には独身の男はいっぱいいるからなあ。よりどりみどりだぞ」

「女は仕事を結婚への腰掛けにしようとするんでしょ」

「メガネを外した方がかわいい」

「今日は生理なの」

また、ＯＢ訪問やインターンでは、「僕の家に来ないか」と誘われ性被害を受けるケースもある。２０１９年には、女子学生が慶應義塾大出身の住友商事社員にＯＢ訪問したところ、泥酔の上レイプされる事件があった。

これに関連して、女子学生から次のような声が寄せられている。

「就活アプリを通して知り合った社員と面会後夕食に誘われ、不適切なボディタッチをされた後、家でエントリーシートの添削をするという事で住所を複数回に及んで聞かれた」

「大学時代に身体関係を持った人の話を聞かれた」

「座っているときに、上から服の中を覗かれる」

「小さな声で話し、聞き取りにくいからと近くに寄ったら息を吹きかけられた」

「OB訪問をしていたら家に誘われた」

記者会見で、慶應義塾大大学院の對馬尚は次のように訴えた。

「被害者には隙があるからいけないのではないかと責められる風潮があります。それゆえ、被害者に落ち度はないと国が明確に示していく必要があります。偏見から誰にも相談できず、長年苦痛を感じている人もおり、法制度で被害者を保護すべきです。友人を守りたい。そのためには学生が声を上げるのが無駄だと思わない環境を作っていきたい」

一方で、国際基督教大学の山下チサトは学生にこう呼びかけた。

「就活セクハラについて悩まずに過ごせているとしたら、それは運が良かっただけです。今日や明日、もしかしたらすでに過去に、あなたの友人が被害を受けている可能性もあります。学生自身が動かないと変わりません。当事者意識をもってほしい」

また、この会見で山下は記者に問いかけている。

「みなさんのなかで伊藤詩織さんの『Black Box』を読まれた方はいますか」

記者は男女半々で30人ほどいたなか、3〜4人しか挙手せず、その少なさに山下はあきれて、「記者の方ならば、ぜひ読んでください」と訴えた。伊藤詩織がメディアへの就活で性暴力にあったことに怒り、自分たちの問題として深刻に受け止めていたからだ。

性的同意を求める啓発活動――上智大、創価大、早稲田大

女子学生は、キャンパスで女性という「性」によってつらい立場におかれてきた歴史がある。そもそも大学側が十分な理解を示してこなかったことに問題がありそうだ。

２０１９年7月、上智大が学長名義で謝罪した。

「本年6月20日に開催されました本学グローバル・コンサーン研究所主催シンポジウム『セクハラ・性暴力のないキャンパスへ －学生からの提言－』において、会場で意見を求められた本学学生センター長から、提案を行った学生ならびに参加者を傷つける不適切な発言がありました。

後日、学生センター長から、自身の認識の誤りと理解不足によって行われた不適切な発言を撤回するとともに、傷つけてしまった方々をはじめ、セクハラ・性暴力根絶に尽力されている関係者の皆様への謝罪が提出されました。また事態を重く受けとめ、学生センター長の職を辞するとの申し出があり、これを受理しました。

このたびのことで、皆さまにご不安な思いをおかけし、不信感を抱かせてしまいましたことは大変遺憾であり、心よりお詫び申し上げます。(以下、略)

２０１９年7月24日　上智大学長　曄道佳明」

何が不適切なのか。この謝罪文ではさっぱりわからない。

このシンポジウムが行われた背景から解説しよう。そして、くだんの学生センター長の発言を紹介しよう。

「セクハラ・性暴力のないキャンパスへ－学生からの提言－」は、教員が働きかけ学生が主体となって催されたイベントである。他大学の教職員、学生にも広く呼びかけられた。

このシンポジウムには上智大、慶應義塾大、国際基督教大、創価大、東京大、一橋大、早稲田大の学生が登壇した。

参加した学生たちは共通のテーマを掲げていた。すべての性行為においてパートナー間で同意を求める（＝性的同意）、学生による性暴力をなくす、セクハラを追放するなどだ。

性的同意は、たとえば、恋人のあいだでも同意がなければ性行為をしてはいけない、という考え方だ。多くの場合、これまで男性が女性と性行為をしたいというとき、女性は相手を傷つけるからと思い断れなかった。だが、それは間違っている。性行為では絶対に同意が必要で、同意なき性行為は性暴力であるという考え方である。また、性感染症予防についても訴える。性病を防ぐためコンドームを付けない性行為は性暴力と位置付けている。

大学でのセクハラとは、大学教員が自分の立場が強いことを利用して、学生のからだをむやみにさわったり、抱きついたり、キスしたりするなどのことである。力関係では、教員が強い。指導する、成績評価する、単位を与えるという権限を持っているからだ。学生は逆らいづらい構造になっている。

では、このシンポジウムでいったい何が起こったのか。なぜ、学生センター長が役職を辞任し、学長が謝罪しなければならなかったのか。

上智大の学生はこんな提言をしている。①学内で学生を啓蒙するために性的同意ワークショップを義務化する、②カウンセリングシステムの充実、③実態調査の実施。

シンポジウムには、上智大教授で学生センター長が出席しており、性的同意ワークショップの開催についてこう答えている。

「これは絶対に必要だから強制しますというのは、それはそれでひとつの暴力的な対応だと思います」

学生は反発した。

「じゃあ、なぜアルコールハラスメントのビデオを強制で皆に見せるのですか。それで性暴力のビデオを見せないいんですか。アルコールハラスメントのビデオを見せるのは暴力ですか」

学生センター長はこれにきちんと答えず、本心からなのか、火に油を注ぐような発言をしてしまう。

「この場でこういうことをいうとなんてヤツだと思われるかもしれないですけど、やはり加害者理解というところもすごく大事なのかなというふうに思ったりします」

学生、教員はこの学生センター長の発言に大きなショックを受けた。性暴力に対する理解があまりにも乏しい。加害者も理解したほうがいいというようにも受け止められてしまい、あまりに暴力的だ。セカンドレイプである。上智大の教員はこの発言を重視して、その後、大学はどう対応すべきかを話し合った。

上智大の学生有志も動いた。大学側に質問状を突きつけた。

①上智大学は性暴力の防止や被害者へのケア、学生や教員に向けた啓発活動など効果的な活動をしてこなかったことを認めますか。

②もし認めるのであれば、なぜ今まで性暴力の問題に真剣に取り組み、活動をしてこなかったのですか。

③また、シンポジウムの学生センター長の発言に関して、どうお考えですか。

④もし、問題があるのなら、何が問題であったとお考えですか。

この4つの質問に対する大学側の回答が、冒頭で紹介した謝罪文である。③に関わることとしており、謝罪に記された不適切な発言とは、「暴力的な対応だ」「加害者理解」であったことを認め、「不安な思いをおかけし、不信感を抱かせ」たことを「心よりお詫び」している。

上智大のシンポジウムで注目されたのが、創価大の学生グループだった。性に関する啓蒙活動で他大学よりも先進的に取り組んでいると受け止められたからだ。

創価大には「BeLive Soka」という学生グループがあり、性的同意の啓発、性暴力防止に取り組んでいる。性行為をする場合、相手の同意を求める。どんなに親しいパートナーであっても同意なしの性行為は性暴力である、強姦や痴漢やセクハラなど論外であるという考え方を広めようとする動きだ。「BeLive Soka」は大学にこうした啓発活動を新入生に行ってほしいと提案した。大学はそれに応えて、２０１９年から新入生パンフレットに性的同意の考え方を掲載するようになった。

学生からの要求に大学がきちんと回答する、というケースはそれほど多くない。無線ＬＡＮ設置、女子トイレ増設といった施設の充実などは対応するが、社会性を帯びたテーマに応じるのは簡単なことではない。たとえ、学生からの要求に好意的な対応をしたくても学内でコンセンサスを得るのに時間がかかる。そういう意味で、提案から1年以内に、大学が性的同意の考え方の啓発をすることを認めたのは、他大学では見られないスピーディーな対応だった。

「BeLive Soka」のメンバーに話を聞いてみた。国際教養学部4年の今村さくらが話す。

「セクハラ問題などが深刻にとらえられない現実にモヤモヤしており、もっと真剣にとらえてもいいと性的同意の概念を知ったことにより自分が正しいとわかりすっきりした。これまでの性教育では生物学的な話と避妊の方法だけです。語りにくい部分はあるだろうけど、もっとまじめに性を語る機会があっていい。ジェンダーにとらわれず、自分のからだのことを自分で決める、という考え方がBeLiveに込められています」

国際教養学部4年の中根未菜美はこんな問題意識を持つ。

「世界の一部の国・地域では〝女の子だから〟学校へ行けないこともある。〝女の子だから〟結婚の自由がないことがある。では、日本の女の子は自由かといえば、そんなことはありません。たとえば、大学受験で、地元の大学がいい、理系より文系がいいと勧められる。時に、性別が個人の適性を無視してしまうことに疑問を抱いていました。こうした経緯からジェンダー・女子差別に関心をもっていましたが、ある時友人がパートナーから性暴力を受けた話を打ち明けてくれた際に、別の友人が『それ（恋人間の出来事）って性暴力なの』と尋ねたことがありました。性的同意の考え方を知った時に、当時感じたモヤモヤは被害者を責める〝セカンドレイプ〟だったことがわかりました」

法学部3年の市川杏もジェンダーを意識していた。

「女子だからこういう仕事に就く。女子だからという言葉を多く使っていたと思います。いま、振り返れば視野をもっと広げられたでしょう。それゆえ、女子だからということにとらわれることなく、もっと自分の価値観は広げていきたい。その1つが性的同意の問題です。創価大の建学の精神に『新しき大文化建設の揺籃たれ』があります。創価大には学生が創価を作っていくという文化があり、それを大学がサポートする文化もあります。良い文化を大学に広げていく、という意味で、私たちが訴える性的同意について多くの学生に伝えたいですね」

早稲田大のサークル「シャベル」の創設者は、法学部4年の春藤《しゅんどう》優だ。上智大のシンポジウムにも参加した。「シャベル」は、早稲田大で「性的同意」の考え方を広め大学側に性暴力をなくす施策の実施を求めている。団体名は性について「しゃべる」と性暴力を根絶するため、一人ひとりが振り下ろす「シャベル」をかけたものだ。春藤が話す。

「性暴力の根絶のためには、正しい知識はもちろん、ちゃかしたりバカにするのではなく性について真面目に話せるよう学内文化づくりも必要と考えています。性的同意については、『傷ついたり嫌な気持ちになったりするのは、お互いの同意がなかった、権力差やジェンダーロールなどで同意を取れる状況になかったり明示的なお互いの同意がなかった』ことが大きな原因の一つと考えています。大学生だからこそ、性暴力についてきちんと理解し、すべての性的行為には同意が大切であることを知ってほしい」

しかし、活動には困難さがつきまとう。春藤が続ける。彼女は性感染症予防の啓発活動を行ってきた。

「大隈銅像前でコンドームを配布することがあります。すると、『一緒に使わない?』『あの子絶対ビッチ』などとからかわれ、セクハラを受けます。女子にも避妊具を持ってもらいたいと思っているのに『受け取ったら性行為に対して奔放というイメージを持たれるから……』と手に取ってもらえず、男子からはジョークとして扱われてしまい、『ヤリサーじゃねえの』って言われることもありました。もっと性について真剣に考えてもらいたいと、もやもやしていました」

早稲田大では入学時のオリエンテーションで、飲酒、カルト宗教、マルチ商法に関連するトラブルに巻き込まれないためのビデオを見せられるが、性については何も教えてくれない、つい解放的な気分になって飲酒から性行為に持ち込んでしまうことがある。そこでも、当然、同意がなければいけない。性暴力という認識があれば加害者、被害者にならず、傷つけることはない、と春藤は考えている。そこで、「シャベル」は全学部で新入生のオリエンテーションで、「性的同意」を含めた性暴力を防止するための講義が行われるようにすることを求めている。

「性的同意の考え方が広まれば『嫌よ嫌よも好きのうち』といった間違った考えが減り、性に対する認識不足が少しでも改善できるはずです。早稲田大学は盛んに『ダイバーシティ』を叫んでいます。もちろん性暴力を受けているのは女性だけではないのですが、大学は女性差別の問題も忘れないでほしい。もう大学に女性差別なんてない、『次はダイバーシティだ』というような理解は間違っている。古くからある学内のハラスメントや暴力の問題は片付いておらず、学問へのアクセスが不均衡になっている。そんな状況での『誰もが自分らしく』といったスローガンは無意味です」

春藤は以前、性感染症予防の啓発活動（早稲田大の公認サークル「qoon」）でコンドーム配布イベントをしていたとき、「スーフリ」呼ばわりされることがある。

スーパーフリー事件。1998年、早稲田大のサークルが女子学生を強姦した事件である。いまの早稲田大の1、2年生が生まれる前の話だ。早稲田大のなかでは「スーフリ」が黒歴史としていまにも伝えられている。

「入学してもスーフリの言葉がちらついているのはおかしい。第二第三のスーフリになるサークルは早稲田にあります。学生の間ではシークレットトークとして『あのサークルってやばいよね』と語られる。それを知らないで入ったおまえが悪いと言われてしまう。そんなダメな文化を変えていかなければならない。性的同意の考えをしっかり伝えることで、スーフリ的な亡霊をなくしていきたい」


なぜ、女子学生の人権侵害がいまでも止まないのか。

その大きな要因に、女子学生に対するバッシングの歴史を見ることができる。1960年代、女子学生は必要ないとまで言い切った、「女子学生亡国論」が跋扈していた。この「論」をつぶさに見ると、いまの女子学生への蔑視、差別、抑圧の根本要因が見えてくる。

第2章
女子学生怒りの源泉＝「女子学生亡国論」の犯罪

2010年代後半、女子学生を怒らせた要因をたどると、どこに行きつくだろうか。

本章では、半世紀以上前に流行した、ある女子学生論を検証してみる。そこには女子学生への差別、蔑視、抑圧の源泉がギッシリ詰まっているからである。

それが、1960年代前半に論壇、大学でおおいに話題となった「女子学生亡国論」だ。国を滅ぼす女子学生とはおだやかではない。当時、どんな議論がなされていたのだろうか。ふり返ってみよう。

男子がはじき出されてしまう

1960年代前半、首都圏、関西圏の私立大学文学部系の一部の教授たちは、女子学生の増加に危機感を抱いていた。嫌悪と言っていいかもしれない。

一部の教授たちがおよそ想定していなかったほど、文学部系学部で女子学生が増えたからだ（表1）。

一部の教授たちは女子学生の存在そのものが許せなかったようだ。大学という学問の場が冒涜されたと感じたからなのだろう。

これが、「女子学生亡国論」の始まりである。

きっかけは、早稲田大文学部教授・暉峻《てるおか》康隆の発言である。最初は『早稲田公論』、その

・表1　文学部系の女子学生比率（1962年）

大学	女子（人）	全学生（人）	女子比率（％）
学習院大	917	1,036	89
青山学院大	1,267	1,461	86
成城大	726	922	78
立教大	1,179	1,832	64
同志社大	1,326	2,657	50
関西学院大	838	1,828	45
上智大	655	1,491	44
慶應義塾大	1,358	3,108	44
早稲田大	1,283	3,855	33
法政大	600	2,011	30
明治大	748	2,728	27

出典：「週刊朝日」（1962年6月29日号）

後、『婦人公論』『週刊新潮』『週刊朝日』で、女子学生を憂えた寄稿、談話を発表している。

社会的に大きな話題となったのは、『婦人公論』への寄稿である。タイトルは、「女子学生世にはばかる」。一部紹介しよう。

「ここ当分日本という国の男性は職を持たずに生きていることは許されないというのが現実である。それなのに結婚のための教養組が学科試験の成績が良いというだけで、どしどし入学して過半を占め、その数だけ職がなければ落伍者になるほかない男子がはじき出されてしまうという共学の大学の在り方に、そういう風に事を運んでいる当事者でありながら釈然としないまま私は今日に及んでいる」——同誌1962年3月号暉峻康隆は1908年生まれ。国文学者で西鶴研究の第一人者だった。この発言をしたのは54歳のときである。

暉峻の肌感覚からいえば、1950年代半ばまで、早稲田大の女子学生はかなり強い目的意識を持ち、自覚的に授業を受けていた。

早稲田大では当時、入試に面接試験があった。このとき、暉峻は女子学生から大学で勉強する目的、将来に対するヴィジョンを聞いていた。とてもしっかりした中身のある話だった。

ところが、1950年代後半から女子学生の資質が変わってきた。面接で自覚が感じられない。少なくとも暉峻はそう感じた。

たとえば、こんな調子のやりとりである。

「将来の目的は何ですか」

「別に目的はございません。働かなくてもよろしいんです」

「そうすると、結婚するまでにはまだ4、5年あるから、それまでに教養をつけておこうということですね」

「はい」

将来像を語れないからといって、入試で落とすわけにはいかない。なによりも学科試験の成績がかなり優秀である。暉峻は仕方なく合格と書き込んでいたと、後に回顧する。

大学は花嫁修業の教養番組ではない

暉峻の「女子学生世にはばかる」は反響を呼んだ。まもなく、『週刊新潮』がとりあげ、「女子学生亡国論」という見出しをうった（――同年3月5日号）。これが、さらに大きな波紋を呼ぶことになる。１９７０年代前半まで通用させるほどのインパクトがあった。もちろん、女子学生に対するネガティブな評価を伴って。

早稲田大ではさっそく女子学生から反撃を受けた。法学部の女子学生が数人、暉峻に抗議しにきたのだ。暉峻はこう返した。

「あなた方のように、職業と結びついた勉強をしている方は、ぜんぜん問題ない」

暉峻を「女子学生亡国論」に走らせたのには、女子学生が将来へのヴィジョン、自覚、目的意識に欠けているという理由だけではない。「女子学生」という身分を獲得することに打算を感じたからだったようだ。

大学生を娘に持つ母親が暉峻に、「お見合いで仲人にどこの大学を出ましたか、と聞かれますから」と話したことがある。

また、卒業式の謝恩会で女子学生が「4年間、この大学で何1つ得るところがなかった。そのかわり、こんな立派な配偶者を得ました」と婚約者を紹介して喝采を浴びた。

暉峻はその様子を見て腹立たしくなった。そこで、大学が中流以上の家庭の嫁入り条件になったと断じ、女子学生亡国論を舌鋒鋭く訴えるようになった。

「思うに、女子の結婚適齢期が23、4歳にのびた。で、高校卒業後、お嫁入りまでの5年間をお茶と生け花ばかりというわけにもいかない。『じゃ、ひとつ大学へでも』ということになる。現実は完全就職のお嫁さんだけが目標です。たまに就職しても、結婚の相手ができるとサッサと辞めてしまう。これじゃ、困りますよ。少々成績は悪くたって、職業を一生のワザと心得る男子学生を教育した方が、天下国家のためです。(略)いまは、おしなべて良家のお嬢さんのお教養ですね。それだったら、なにも高い月謝を払って大学にくることはない。テレビの教養番組をみてた方がよっぽどマシですよ。大学は花嫁修業の教養番組ではないんだから」

――『週刊朝日』1962年6月29日号

十分な才能がありながら、経済的な理由で大学へ行けない男子がいっぱいいる。彼らにこそ、大学教育を受けさせるべきだ。優秀な男子を犠牲にしてまで、女子を大学に入れる必要はないと言いたげだった。

しかし、女子学生は「花嫁修業の教養番組」で良い成績をとる。だから、大学教員は女子学生本人には何も言えない。暉峻もそうだった。

学校への寄附金は女子のほうが少ない

慶應義塾大文学部教授の奥野信太郎も「女子学生亡国論」に加わる。こちらは思い込みが激しく、やや品がない。

「女というのは馬車馬のようによくやる。教室でも、あきれるくらい、せっせとノートをとる。そんなぐあいだから、彼女らの試験はよくできる。が、結局それだけ。どだい、ハンドバッグを選ぶみたいにフランス文学にしようか国文学にしようかというわけだから、結婚してすべて終わりです。私学は有力な校友、先輩の経済援助なしには成立しない。ところが女性は天性のケチなうえに、結婚後は亭主に同調する習性がある。だから彼女らに期待できない。（略）合格率が良くて、成績がすぐれ、ノートが丹念で、学者にはならず、結婚を目的とし、うつくしいパンティをはいているもの」――『週刊朝日』１９６２年６月29日号

奥野の専攻は中国文学であり、『新・十八史略物語』の翻訳などがある。１８９９年生まれなので、このとき63歳だった。

奥野の慶應大学文学部の同僚、池田弥三郎教授も「女子学生亡国論」に参戦した。『婦人公論』（――１９６２年４月号）で、「大学女禍論―女子学生世にはだかる」を発表した。暉峻のエッセイがあまりにも評判を呼んだための起用であろう。

「大学の女族の氾濫についての『女禍論』の大要である」として、その根拠を箇条書きで4つ並べた（以下、要旨）

① 親は女子について教育熱心ではない。その証拠に学校への寄附金は女子のほうが少ない。
② 大学教育で男子は専門分野を狭く深く進む。女子は一般的に広く浅い。したがって、大学がその学問の将来を考えると、女子には悲観的期待しかよせられない。
③ 男子を押しのけて女子が席に着いたが、大学卒業後、社会人としての勢力の上では、1人が1人のプラスにならない。多くが結婚で、いちおうその人生の終点と心得る女子と、まさかそうは考えていないはずの男子との根本的な違いである。
④ 女子の結婚相手が他の大学出身者の場合、大学時代の姓が旧姓に変わり、母校への寄附は期待できない。卒業させれば他大学にのしをつけてさし上げる結果となる。

こうした「女子学生亡国論」の舞台となっているのは、難易度が高い共学である。エリート大学に通ったのにそこで伴侶を見つけたり、卒業後すぐに結婚したりでは、大学教育が社会に還元されない。それならば、日本の将来を担う男子に席を譲るべきだ、という観点である。

ここには女子大は含まれていない。ただ、「女子学生亡国論」の行間からは、女子は明確な将来ヴィジョン、強い自覚がなければエリート大学に来ないで女子大に進めばいい、という思いがにじみ出ている（そう主張する人もいる）。女子大は良妻賢母を育てる場と考えているからだ。

当時の女子大は教育方針に良妻賢母を掲げてはいない。たしかに戦前、女子大の起源となる旧制高等女学校の一部には良妻賢母を謳うような学校があった。しかし、戦後、女子大のなかに良妻賢母を堂々と掲げているところはほとんどない。むしろ、「女性の自立」を促す教育理念を訴えているところのほうが多い。民主主義、男女平等という新しい日本社会を女子大が体現しようとするかのように（──１６６ページ参照）。

もっとも女子学生の意識、とくに彼女たちの保護者からすれば、１９６０年代、70年代ぐらいまでは女子大に良妻賢母教育を求める向きはあっただろう。実際、当時の卒業後の進路で、就職決定者が少ない女子大は多かった。卒業後、そのまま家事手伝いとして結婚するまで親元で暮らすというケースだ。「女子学生亡国論」者が言う花嫁修業としてのありようである。これが、早慶などのエリート大学に及んでしまったことを睥睨たちは嘆いていたと言える。

ただ、エリート大学の女子学生はきわめて少数派である。つまり、「女子学生亡国論」としてやり玉にあげられる彼女たちは、当時の女子学生を象徴しているとか、代表的な存在であるとかは言えなかった。

女子学生全体について普遍的に語られたものではなかった。

そもそも、当時、女子学生はどのくらいいたのだろうか。

1962年、18歳人口は197万4872人。大学進学率は男子は16・5％、女子は3・3％である。大学数は250校、うち女子大は42校となっている。

このようなデータを見てもピンとこないだろうから、現在と比べてみよう。

2019年、大学進学率は53・7％、女子は50・7％となっている。大学数は786校、うち女子大は77校である。2019年に入学した女子は30万人近くいる。

1962年の大学進学者ははるかにエリート層であったことがわかる。進学校でどんなに成績が優秀でも経済的な理由で大学に進学できない人たちがいた。とくに女子の場合、親の教育方針で大学に通わせないというケースがあった。

暉峻が指摘する女子学生が目的意識、強い自覚を持っていたとされる、1950年代半ばはどうだったか。

1955年、18歳人口は168万2239人。大学進学率は男子は13・1％、女子は2・4％。大学数は228校、女子大は32校だった。同年入学の女子は1万5000人ほど。

とんでもないエリート集団といっていい。なるほど、この時代の女子学生は高いキャリアを志向していたと言える。当時、結婚平均年齢は23・0歳。この時代にあっての結婚同調圧力に屈することなく、大学に進んだ人たちだ。

「女子学生亡国論」から十数年後にトーンダウン

それにしても、「女子学生亡国論」者の女子学生批判は乱暴すぎる。あまりにも男性中心の考え方であり、女性差別的である。社会のなかで女性はきわめて限られた分野でしか仕事はできない、という発想に満ちあふれているからだ。女子学生に対する、いわば結婚圧力をまったく無意識のうちにかけている。女性は○○歳までが適齢期なので早めに結婚すべきという前提で。

また、学問の専門分野を選ぶことが、ハンドバッグを探すことと同じように見ているのは、女子に学問は必要ないという偏見が示されたものだろう。学問について浅くアプローチするだけで深く追究して極めようとしないと見えてしまう。実際、「結婚すればどうせ役に立たないし、学問は所詮アクセサリーなんだろう」と、露骨に揶揄していた。

一方で、女子からは寄附金がもらえない、という論法が出てくる。

「天性のケチ」は言いがかり以外のなにものでもない。卒業後、女子は会社で働いても給料が安いから多くの寄附を集められないとか、結婚後は姓が変わって夫の出身大学に寄附が横取りされてしまうとかいう話がまじめに語られているが、学者のロジックなのかにわかには信じられないレベルである。

さらに親視点で女子には教育熱心でない、だから、女子の親は大学への寄附は少ない、ということまで「女子学生亡国論」の根拠にされているが、これも言いがかりだろう。教育熱心かどうかは、その子が男女で決まるという見立ては理解できない。その家庭の考え方によるとしか言いようがない。

ジェンダーという考え方はない。フェミニズムという理念も一般的でなかった時代である。たしかに当時の雇用形態、産業構造、社会通念からみれば、女子はきわめて不利な立場にあった。男女平等とはかけ離れた世界である。それを「女性は○○だから」と、女性にすべて責任があるかのような言い方で、「女子学生亡国論」が組み立てられてしまう。すこしも学問的でないのに、大学教授たちはなにをとち狂ってしまったのか。

ここまで、「女子学生亡国論」者が女子学生を攻撃するのは、彼女たちが男子学生よりも成績優秀であるにもかかわらず、こうした大学教授にすれば学問を「アクセサリー」としかみないことへの苛立ちであろう。もっとも、女子学生にすれば、学問を「アクセサリー」に終わるしかなかった。そもそも、当時の女子学生に「学問で身を立てる」選択肢はほとんどなかったのだから。

しかし、「女子学生亡国論」は論壇でおおいに受けてしまった。今ならばトンデモ扱いされてもおかしくないが、その後、10年以上、語り継がれてしまうのは、１９６０年代、70年代は女子学生にとってまだまだ不遇の時代だったことを意味する。

なお、暉峻康隆は「女子学生亡国論」から10年以上経った１９７５年、女子学生だけを論じても意味がない、大学全体から語るべきであると主張し、「亡国」からかなりトーンダウンして、こう話している。

「女子大学生が銀座あたりのバーのホステスになっていると、さも珍しそうに騒がれたことがありましたが、これはおかしいですよ。彼女たちにとって、単なるアルバイトにすぎない。ただ家庭教師よりかせぎがいいというだけの違いでね、ホステスになるのを身を落とすという感覚でとらえるのは、いやらしい中年から初老の男の古さを露呈しているにすぎませんよ。彼女たちは、ちっともそんなこと感じてはいませんよ」――『週刊朝日』１９７５年6月6日号

ずいぶん物わかりが良くなった。それだけ女子学生がさまざまな世界で身近な存在となり、いちいち目くじらを立てるのはおかしい、ということなのだろうか。好々爺になって、暖かく見守ろうという境地になったようだ。

第3章
女子学生、闘いの歴史——社会運動

いつの時代であっても、どんな状況であっても、女子学生は社会の不条理に気付くと街頭に出て訴えていた。自分たちの生活と権利を守るため、自分たちの将来を作るため、そして、社会を良くするために。

本章では、2010年代のSEALDs、そして、歴史をさかのぼって60年安保、全共闘、党派活動、市民運動などに関わった女子学生の歴史、生きざま、思想をふり返る。

大学に表彰された社会運動

2015年8月30日、安保関連法案反対運動で国会前の大通りが決壊したとき、SEALDs KANSAIの女子学生が安倍政権批判のスピーチを繰り返していた。関西学院大4年の女子学生である。

「私の払った税金が弾薬の提供のために使われ、遠い国の子どもたちが傷つくのだけは絶対に止めたい。人の命を救いたいと自衛隊に入った友人が国防のためにすらならないことのために犬死にするような法案を絶対に止めたい。国家の名のもとに人の命が消費されるような未来を絶対に止めたい。敵に銃口を向け、やられたらやるぞと威嚇をするのではなく、そもそも敵を作らない努力をあきらめない国でいたい」

彼女のスピーチは多くのメディアに紹介された。多くの人に感動を与えたからだった。とくにかつて学生運動を経験した団塊世代（全共闘世代）の心を揺さぶった。１９６０年代、自分たちのアジテーションはただ勇ましいことばをつらねただけで、多くの人に伝わらなかったといまさらながら自省した人もいた。

同年９月６日、新宿の靖国通りで行われた安保関連法案反対の集会では、国際基督教大３年の女子学生がこう語りかけている。SEALDsのメンバーだ。

「安倍政権はわたしたちの声を無視して法案成立を進めています。首相に言いたい。わたしは殺すためではなく、よりよく生きるために生まれてきたんです。まして攻撃されてもいない相手を敵と見なして銃を向けるなど、もはや意味不明です。命は取り戻せない。それなのに責任を持つということがどれだけ無責任で残忍か、首相は知るべきです」

国際基督教大は彼女が卒業するとき、彼女に「Friends of ICU賞」を授与している。顕著な活躍がみとめられた学生、教職員または大学関係者に対して贈られる賞である。授賞理由は、「政治を考え行動する学生団体においてスピーチなどの活動を通して、民主主義のあり方や平和について訴え、それらを真剣に考える潮流を生み出すことに貢献したことが、民主主義、平和、人権を尊重する本学のリベラルアーツの理念を体現したものであり、賞賛に値する」というものだった。

ときの政権を批判した学生を、大学が表彰する。

２０１９年、国際基督教大は、社会運動に熱心なＯＧを称えた。『週刊SPA!』の「ヤレる女子大学生RANKING」記事を批判した山本和奈である（――24ページ）。国際基督教大同窓会では、それぞれの分野で活躍し、大学および同窓会の魅力度・知名度を高めることに貢献したOBOGを、毎年「DAY（Distinguished Alumni of the Year）」として表彰している（――30ページ）。

1960年代、国際基督教大は大学闘争で大きく揺れ動いた。多くの逮捕者を出した。退学処分者も少なくなかった。内ゲバで殺された学生もいる。

この時代とはまさに隔世の感がある、と言えよう。

仲間と互いに教えあい学ぶ自由を奪われたくない

2017年6月11日、共謀罪（「組織的犯罪処罰法」改正案）に対する反対運動の街宣が渋谷で行われていた。主催は「未来のための公共」である。その中心メンバーで和光大1年の浅野恵美里はとつとつと話していた。

「フランスの詩人、ルイ・アラゴンに『教えるとは希望を語ること』『学ぶとは誠実を胸にきざむこと』という詩があります。私はこれに学ぶべきだと思います。若者が政治に対して気軽にものが言える社会、どんな未来を作り上げたいのか、希望に満ちながら互いが自由に発言して未来を語り合う機会を決してなくしてはいけません。共謀罪というおかしな法案によって仲間と互いに教えあい学ぶ自由を奪われたくないです」

２０１８年3月14日、安倍首相が森友学園、加計学園問題に関与したとして、安倍政権総辞職を求めて、首相官邸前で抗議活動が行われた。「未来のための公共」のメンバーで大正大4年の奈良みゆきはこう話した。

「安倍さん、麻生さん、これらの事件で多くの官僚が付き合わされ、多くの市民があきらかにおかしいと思い、声をあげているんです。それなのに、自分は責任を他人になすりつけて何も悪くないですといわんばかりに平気な顔をしています。どれだけわたしたちをばかにすれば気が済むんでしょうか。権力を持つ側の人間がこんなやりたい放題やってて、民主主義国家として機能しているとかいえるわけないです」

２０１８年11月10日、渋谷で「安保法制の廃止と立憲主義の回復を求める市民連合」が街宣を行っている。シリアで拘束されていたジャーナリスト、安田純平が帰国した際に起こった自己責任論に対する違和感、そして政治家の不祥事について、東京女子大4年の馬場ゆきのはこう話していた。

「自己責任論が蔓延して社会の問題が個人の問題として放置されています。こんな窮屈な日本を未来に残していいのでしょうか。私はイヤです。みんなが自分らしく生きられて、一人ひとりに寄り添い、多様性を支える政治を望みます」

学生運動のリーダーに女子学生はいなかった

２０１０年代半ばから後半にかけて、SEALDs、「未来のための公共」など学生が組織したグループが街頭に登場して集会、デモを行っている。

学生が声をあげるのは何十年ぶりだろうか、と感嘆する声が聞かれた。１９８０年代以降、学生が社会を動かすような運動はなかなか起こらなかった。１９８９年に東西冷戦が終焉し、91年にはソ連が崩壊したことによって、20世紀のはじめから理想郷とされていた社会主義、共産主義への信頼は失われたと受け止める人たちは少なくなかった。

１９７０年代前半まではマルクス、レーニンを読み、革命をめざす学生が見られた。しかし、革命を起こすための運動はイッキに衰退してしまう。連合赤軍事件、新左翼党派間の殺し合いなどの影響も大きかった。１９７０年代後半には、運動から学生が離れていく。

それゆえ、２０１０年代半ばの学生による運動が盛り上がりを見せたのは、およそ40年ぶりと言えよう。

もちろん、１９６０年代、70年代とは運動の量、質、形が大きく異なる。学生といっても必ずしも多数派とは言えない。国会前は圧倒的に高齢者が多い。ヘルメット、角材、投石用コンクリート破片、鉄パイプ、火炎ビンとはまったく無縁な世界である。大学がバリケード封鎖されることはない。それ以前にキャンパスが運動の拠点にならない。

なお、２０１０年代半ばのSEALDs、「未来のための公共」について、「学生運動」と自らが呼ぶことも、メディアからそう呼ばれることもなかった。あくまでも「学生による社会運動」という位置づけであり、これは大学単位で運動が展開されていたわけではない、キャンパスを運動の中心に置いていない、大学に対して教育改善などを要求する運動を行っていない、などの理由である。

２０１０年代、学生による社会運動、SEALDs、「未来のための公共」において、特筆すべきは女子学生の活躍が目立ったことである。

章の冒頭に掲げた学生によるスピーチは、とくに女子学生を選んだというわけではない。国会や首相官邸前、関西では大阪駅前のヨドバシカメラ周辺で行われるSEALDs、SEALDs KANSAIの集会では、男子よりも女子のほうが発言することが多かったからだ。

もちろん、１９６０年代、70年代の学生運動が盛んだったころ、女子学生の活動家はいた。だが、女子が男子と同じぐらい目立つという場面はなかなか見られなかった。たとえば、１９６９年1月の東京大安田講堂攻防戦で逮捕された学生のなかに女子は数人だった。機動隊と衝突する場合、男子の後方支援にまわることがあった。体力的なことを考慮した、というのが言い分であった。過激なデモでは救援を行い、バリケードでおにぎりを作るなど炊事を担う姿も見られた。性差による役割分担について不満は出ていたが、問題化されることはなかった。

また、運動を引っ張っていくようなリーダー的な存在も少なかった。女子大を除けば、大学の闘争委員会委員長、全共闘代表（議長）、党派の全学連委員長、書記長はほとんどいなかった。大学、党派にもよるが、学生運動の世界は男社会だったと言える。

それでは、女子学生の歴史をひもといたとき、学生運動、社会運動とはどの程度、関わりを持ってきたのだろうか。ジェンダーの観点から、社会運動における女子学生の役割について検証されたものは見当たらなかった。

そこで、戦後、新制大学が誕生して女子学生が登場したときから、彼女たちが学生運動、学生による社会運動にどう取り組んできたかを振り返ってみたい。

全学連結成にお茶の水女子大、津田塾大などが結集

１９５０年代、四年制大学への進学率は7～9％台だった。男子が13～15％、女子はおよそ２・５％だった。大学の数は２００から２５０校に増えつつあり、そのうち女子大学は32から37校に推移していた。このころ、女子学生の圧倒的多くは女子大学に通っており、東京大、早慶、法政、明治、中央などはきわめて少数派だった。たとえば、１９５５年の東京大女子入学者数は47人。全体の２・２％である。

こうしたなか、女子学生は早くも学生運動に関わっている。それは数の論理からいって女子

大に通う女子のほうが多かった。

１９４９年の新制大学誕生から、１９７０年代前半までの女子学生の学生運動、そして女子大の運動について振り返ってみよう。

ここでいう学生運動とは２つに分けられる。①大学の管理、運営問題（学費、寮、政治活動など）への異議申し立てで学内で行われたもの、②時の政策（安保条約や破防法など）に反対する政治活動で国会や皇居前など街頭で行われたものだ。

女子学生がもっとも多く学生運動に取り組んだ大学は、お茶の水女子大、奈良女子大、日本女子大あたりであろう。女子大の中でも学生数が多く、しかも優秀な女子学生がたくさんいたからだ。１９７０年代ぐらいまで学生運動イコール優秀な学生が関係する、という見方があった。頭が良い学生ほど運動の理論を理解し、実践するという理由だ。難解なマルクス、レーニンの革命理論、ヘーゲルなどの哲学を読みこなせるインテリは、難易度が高いエリート校に多いというわけだ。実際、このころまでは学生運動の指導者には東京大、京都大、早稲田大が多く、これらの大学はデモへの動員力も高かった。

１９５０年代、優秀な女子学生はお茶の水女子大、奈良女子大、津田塾大、日本女子大、東京女子大に進んでいる。いまのように東京大、早稲田大に入学する女子は少なかった。したがって、それゆえ、前記の女子大には活動家が多かった。これは１９７０年代まで続くことになる。

1948年9月、全国の学生運動を指導する組織として、全学連（全日本学生自治会総連合）が結成された。その名の通り、大学の自治会の連合体である。全国の主だった大学は結集するが、女子大も数校、参加しており、初代の全学連委員長、武井昭夫がこう振り返っている。

「女子大関係は、東京では津田塾、東京女子大、東京女子医専＊、実践女専＊、大妻女専＊、東京女高師＊、明治女専＊、東京師範女子部＊などほとんどの自治会が全学連傘下で──日本女子大は学校側の統制がきびしく自治会としての参加がむずかしかったのですが──活動家は苦労して早い時期から熱心に協力してくれました」──『層としての学生運動』星雲社　2005年

新制大学制度が発足する前年なので、専門学校など旧名称が多かった。医専は医学専門学校でいまの医学部、女専は女子専門学校でいまの女子大。（＊印は現校名で順に東京女子医科大、実践女子大、大妻女子大、お茶の水女子大、明治大学女子短大部［募集停止］、東京学芸大）

同年10月、全学連関東地区支部総会が行われた。出席した女子大は、東京女高師、東京女子医専、東邦女医薬専（現・東邦大）、東京女経専（現・新渡戸文化短大）、日本女経専（現・嘉悦大）。同大会書記は東邦女医薬専の女子学生2人がつとめた。同校は、NHK朝の連続テレビ小説『梅ちゃん先生』（2012年　堀北真希主演）のモデルとなっている。

1949年、全学連は女子学校協議会を設立した。呼びかけ校を表にまとめた（表2）。さっそく、大学個別の動きがあった。

1949年、新制大学スタートまもない5月、東京女子大、津田塾大で女子学生がストライ

・表2　全学連の女子学校協議会の呼びかけ校（1949年）

北海道	北海道第二師範女学部（北海道教育大）
東北	東北女専（東北女子大）、宮城女専（宮城学院女子大）、福島師範女子部（福島大）
関東	栃木師範女子部（宇都宮大）、千葉師範女子部（千葉大）、神奈川師範女子部（横浜国立大）
東京	東京女高師（お茶の水女子大）、東京女子医専（東京女子医科大）、東邦女医薬専（東邦大）、東京女経専（新渡戸文化短大）、日本女経専（嘉悦大）、明治女専（明治大）、東京師範女子部（東京学芸大）、東薬女子部（東京薬科大）、東京家庭学園（白梅学園大）、杉並女高（なし）、東邦女理専津田塾（東邦大）
北陸・甲信越	金沢高看（なし）、富山師範女子部（富山大）、糸魚川女高（なし）、長野師範女子部（信州大）、長野県立女専（長野県立大）
東海	静岡女子薬専（静岡県立大）、愛知県立女専（愛知県立大）、安城女専（愛知学泉大）、岐阜女専（岐阜市立女子短大）、三重師範（三重大）、暁女専（四日市大）、名古屋市立女専（名古屋市立女子短大）
関西	京都府立医専（京都府立医科大）、大阪府立女専（大阪府立大）、大阪市立女専（大阪市立大）、相愛女専（相愛大）、帝国女薬専（大阪薬科大）、奈良女高師（奈良女子大）
中国・四国	広島女高師（広島大）、広島女専（県立広島大）、松江女専（島根県立大）、香川師範女子部（香川大）、高知女専（高知県立大）
九州	福岡女専（福岡女子大）、長崎女専（長崎県立大）

＊女専=女子専門学校、女経専=女子経済専門学校、薬専=薬学専門学校、高看=女子高等看護専門学校、師範=師範学校　カッコ内は現在、引き継がれた大学／出典：『戦後学生運動史 第1巻』（三一書房 1968年）

キを行っている。大学法に反対するためだ。

警官隊が銃を水平に構え撃ち始めた

それでは、女子学生、女子大がどう学生運動に関わったかを時系列で追いかけてみよう。

1949年5月、都公安条例反対闘争で全学連の早稲田大の女子学生が逮捕される。このとき67人が逮捕されるが、ただ1人の女性だった。

1951年、東京女子医科大の教員4人が退職勧告を受けた。4人は民主化運動に取り組んでいたが、大学にすれば「学校の発展の妨げになる」行為であり、それが解雇理由だった。学生、教職員、医師、患者は解雇撤退を求めて、大学内の一部を封鎖してしまう。

同じころ、東京女子医科大予科から医学部への進学にあたって、「単独講和から全面講和の何れを支持するか」を問う選考を行っており、「これは思想テスト」と受け止めた学生が抗議活動をしている。試験では成績優秀な女子学生が落第したこともあって、復学運動が起こった。

1951年8月、津田塾大で学生集会が開かれ授業料値上げ反対の決議が採択された。

1952年、メーデー事件が起こっている。皇居前で全学連の学生や労働者が警官隊と衝突して、警官隊の発砲によって多くの学生が負傷した。法政大の学生ら2人が銃撃され死亡した。

このとき、お茶の水女子大の女子学生が数十人参加している。このうちの1人、岡百合子

（1950年入学）は次のように語っている。彼女が撃たれても不思議ではなかった。

「学生が数人、小石を拾って投げはじめた。まねをして投げる者が増えていく。わたしも足元の石をひろい、届きもしないのに黒々と展開している警官隊に向かって投げた。憎しみがわいた。石つぶては励まされたように激しくなる。ところが突然どこかで、ポンポンという音が聞こえた。それが渇いた、間の抜けたような音だった。と、先頭集団のほうで叫び声があがる。やがて、そばの学生たちも叫びはじめた。『撃ったぞ！　撃ってくるぞ！』。警官隊が銃を水平に構え撃ち始めたのだ。前の方から人びとがなだれをうってこちらへ向かって逃げ出してくる。逃げるのだ、と私たちも走り出した」——『私の女高師、私のお茶大』創英社　2004年

1952年、全学連大会が開かれたとき、女子大の登場は注目されたようだ。このころ、「お茶の水女子大代表が拍手の嵐に登場。〝破防法を葬るためストを持って立ち上がった〟旨の報告があり大会はいやが上にも高まって行った」——早稲田大学新聞1952年6月11日

1952年7月、日本女子大で破防法反対決議の記事を掲載した大学新聞が発禁処分となる。

1950年代前半、全学連は分裂した。

1952年のこと。立命館大の地下室でスパイ摘発を理由にリンチ事件が起こっている。その被害者には津田塾大の学生が含まれていた。

「反戦学生同盟が共産党の分派組織であり、且つ帝国主義者の意識的スパイとして学生戦線分裂の策動を行ってきたという『自白』を強要して行われたものである。この事件は主として京

都市内立命館大学の社研室（細胞室）で行われ、二十六日夕刻から二十八日朝までの二晩三日にわたっている。用いられた道具は皮バンド、鉄棒、荒縄などでさらに殴る蹴るの暴行が行われており（略）その間食事も与えられていない」――「第五回全学連大会に際しての反戦学生同盟等に対する暴行の真相」１９５2年9月

学生運動において仲間に暴力行為を働くのは、「査問」という手続きで正当化されていた。このときが初めてではない、戦前から殴る、蹴るなどのリンチが行われていたが、こうした現場に女子学生が加わるようになったのは、１９５０年代になってからである。こうした負の遺産はその後もえんえん受け継がれ、１９００年代には女子学生が内ゲバで重傷を負う、組織の内部粛清で殺されるケースが出てくる。

寮の門限が午後6～7時、外泊禁止、外出は許可制

１９５3年6月、全学連系列として全日本女子学生の会が結成される。女子学生のもつ共通の悩み、寮の封建的な体質、就職が不利な状況などについて話し合う場として機能させようとした。

同年12月、大会が開かれている。74校、３３０人の女子学生が参加した。大会では、女子学生から次のような要望が出されている。

①**福利厚生の充実**　「寮がほしい」「更衣室、トイレを増やしてほしい」

②**教育**　「講義内容のレベルが男子よりも低いので同等にしてほしい」「出欠は男子よりもきびしい」

③**運営、管理、学生指導**　「寮監制の廃止」「門限6時は早すぎる」「ピクニックへ行くのにも届け出が必要」（大谷女子大）、「私信を公然と開封する」（京都女子大）

④**学生指導**　「補導課の圧迫反対」「演劇の男女共演禁止」（大阪女子大、京都女子大）

⑤**生活**　「在日アメリカ軍から女子学生がスパイになれと言われた」（北海道大、横浜国立大）

⑥**アルバイトの自由**　「女子大の多くがアルバイトを禁止している」

⑦**学科の概要**　生活科学科、福祉科学科など、学科の性格を教えてほしい。大学はその性格を答えられない（大阪女子大、高知女子大、福岡女子大）――『戦後　学生運動史』三一書房　1968年

中等、高等教育（中学校、高校、大学）が男女共学になってから、まだ5年しか経っていない。戦前の封建的な教育制度、家父長的な体質、そして、「男女七歳にして席を同じうせず」といった考え方がまだ残っていても不思議ではなかった。現在でもこうした体質は残っている。

また、女子寮のルールはとても厳しく、門限が午後6〜7時、外泊禁止、外出は許可制とい

う大学はめずらしくなかった。授業の終了時間は午後5時すぎのときがある。となれば、どこにも立ち寄りできない。平日は大学と寮の往復だけとなり、当然、息苦しさを覚える。

女子は男子よりも講義のレベルが低い。これはどういうことか。大学教員＝学者は科学を追究し論理を重視する世界で生きているはずなのに、男女に学力差を見いだそうとする非科学性、非論理性を示してしまうのは、戦前までの男尊女卑的な思想にどっぷり浸かりすぎた悪弊から抜け切れないからだろう。これは１９６０年代の「女子学生亡国論」まで続いていく。

もっともこの時代にあって、学力の男子優位説を唱えるのは制度的な理由も背景にある。

１９４８年までの旧制の教育制度において男子が通っていた旧制中学、旧制高校や専門学校と、女子が通っていた旧制女学校や旧制女子専門学校、旧制高等女学校とでは、教育レベルに差があったという背景がある。たとえば、旧制度において東京府立一中と府立第一高等女学校では教育内容に差があった。府立一中のほうが高度なレベルを教えていた。それが新制になって都立日比谷高校、白鷗高校に引き継がれるが、同じ新制高校なのに男女で学力差が生じていたという現実があった。女子は大学に入っても男子との学力差が埋まっていない、そのために女子はレベルの低い教育を行ったほうがいい、という考え方があった。

男女の学力差が縮まるのにはもう少し時間がかかったようだ。１９５０年代までは旧教育制度の悪弊が残っていたと言えよう。

１９６０年代、70年代、女子学生が増えるにつれて、女子の成績優秀ぶりが際立つようになった。1980年代以降、首席で合格、首席で卒業という女子はめずらしくなくなる。「女の子は男の子よりもコツコツまじめに勉強するから」という見立てがなされるようになった。これも「女の子だから」という偏った見方と言える。2020年代の今日、女子は優秀で授業中も積極的に発言して元気がいい、という声は日増しに高まっていく。

ブルジョアの女子の花嫁学校ではない

1953年、全国の女子大でさまざまな問題が起こっている。

5月、高知女子大が廃校になるのではないか、と女子学生たちがたいへんな危機感を持った。同大学は県立で、設置者は高知県知事である。知事は財政難を理由に「国立大学への移管」「高知女子大学廃校条例、短大設置案」の構想を打ち出した。女子大をなくすという考え方だった。これに対して学生250人が猛反発して市内で集会、デモを行った。高知大、労組からの支援を受け、県民に広く訴える。まもなく知事は短大案を白紙撤回する。が、将来、国立大学への移管をにおわせることを忘れなかった。2011年、高知県立大と改称し共学化した。

7月、福岡女子大は学生大会を開き、出席制度廃止を大学側に求めることを決議した。この制度は内規として、試験を受けるためには、3分の2以上出席しなければならないというものだ。女子学生は生活するためには出席制度で縛られるのはきつい、と訴えている。

「私達の女子大学は、ブルジョアの女子の花嫁学校ではないのです。アルバイトをしながらも、学問し真理を探究せんとする学生が大勢なのです。こうした人達こそ、形式的な出席制度がどれほど無意味であり、かつ負担になっているか。学校当局の方々はおわかりのはずです。現に代返というナンセンスな現象がこの制度の盲点を突いている事実に気を止めない人はいないのではないでしょうか」――福岡女子大学新聞1953年12月5日
9月、奈良女子大の学生寮寮生が自治庁（当時）による学生の選挙権に対する調査を拒否して、調査員を激しく追及している。自治庁は都道府県に「修学のため、寮、寄宿舎等に居住している学生、生徒の住所、認定について」の調査を通達したが、寮生は「選挙権は当地にある」と声明を出すのにとどめて、氏名などを明かすことに反発した。

10月、京都女子大で学生2人の下宿に補導課員が無断で立ち入る。それに反対する真相報告大会を実施している。

1954年11月、九州地方女子学生大会が開かれた。宣言文に興味深い記述がある。

「教育の機会均等は叫ばれていながらも、実際には女性の教育を受ける機会が少なくなっています。熊大薬学部、福岡学芸大の女子学生の入学制限は身近なものとして如実にこれを示しております」

1950年代半ば、熊本大薬学部で女子入学者を制限したという疑いが持たれた。女子が増

えたり減ったりしている。だが、真相は定かではない。1960年代に入っても、女子入学制限の疑惑は持たれたままだった。こんな報道がある。「もともと熊大は、昨春、女子学生を規制したいと柳本学長が発言し、全国的な話題をまいたところ。とくに薬学部製薬学科の女子入学は好ましくないと入試要項にまで書き込んだのだから、女子卒業生が怒りだし、千人の署名運動を起こして、学長は発言を取り消せと迫った」(——『朝日ジャーナル』1967年5月7日号)
　優秀な女子を制限する態度が今日まで伝えられたことは恥としなければならないだろう。

日本は最悪の状態、こんな授業を受けている場合ではない

　1958年、お茶の水女子大、津田塾大、東京女子大、女子美術大の自治会など学生代表は警職法反対4大学協議会を結成して参議院議員会館内で、声明を発表した。

「警職法改正は民主主義的権利を侵し、大学の自治を破壊し、さらに憲法改正による日本の核武装化への道を開く恐れがあることを憂います」

　警職法(警察官職務執行法)改正は、警察の法執行にあたって、個人の生命、安全、財産保護から、「公共の安全と秩序」を守ることを重視するために、警察官の警告、制止や立入りの権限を強化、令状なしの身体検査、保護を名目とする留置を可能にする内容となっている。『週刊明星』が「デートも邪魔する警職法」の特集を組むなど、国民、とくに女性の関心を呼び、

全国的に反対運動が盛り上がった。

前記の4大学は新宿で署名活動を行っている。女子大学だけがまとまって社会運動に関わるのは初めてだろう。それだけ女子学生が国家権力に対する不信感を抱いたことになる。

1958年9月、奈良女子大は文部省主催の道徳教育指導者講習会の開催に反対するためストライキを行った。奈良女子高等師範学校開校以来初めてのストとなった。

そして、60年安保を迎えた。戦後、いや、明治維新後、もっとも盛り上がった反政府運動といっていい。1960年6月のピーク時には、国会前に30万人が集まったと言われている。

6月15日、全学連活動家で東京大の樺美智子が国会前で警官隊と衝突して死亡している。東京大生、女子というのは大変なインパクトがあった。警察は圧死と発表するが、全学連は「虐殺」と抗議した。

樺は東京大入学後、共産主義者同盟に関わる熱心な活動家だった。友人に次のような手紙を書いている。1960年、岸信介首相が渡米することについてだ。

「当面の安保闘争――それは『16日の岸渡米を羽田空港で阻止せよ』です。勿論、16日中に出発してしまうでしょう。でも一国の首相が調印に出発するのを、自国の人民によって数時間でも遅らせた、とすれば、そのことは国際的云々ではなくて、日本の労働者階級と人民にこそ、強く訴えるでしょう、安保をほんとうに阻止する闘いをやろうではないか、岸政府を打倒しようではないか、と。そして、資本家階級を打倒する闘いに真剣に取り組もうではないか、と私

は呼びかけたいのです」——『人しれず微笑まん』三一書房　1960年

東京大文学部の学生だった船曳由美（平凡社、集英社の元編集者）が60年経ってから樺の思い出を次のように語っている。

「あれは西洋史の講義であったか、階段教室に先生が現れると、後からひらり、と小鳥のように1人の女子学生が入ってきた。先生に何かを早口で頼む。先生がうなずく。すると教壇にサッと駆け上がって、私たちに向かって演説をはじめた。よく聞き取れなかったが、いまや日本は最悪の状態にある、こんな授業を受けている場合ではない、国会にデモに行こう、という呼びかけなのであった。『キシヲタオセ……。岸内閣を倒すことです』。青ざめて思い詰めた表情でそう言うと、また、ひらり、と教室から出て行った。樺美智子さんであった」——『黒川能』集英社　2020年

60年安保闘争では多くの女子学生が参加している。6月16日に行われた国会前集会の女子大別の参加者数は次のとおり。お茶の水女子大230人、津田塾大320人、東京女子大120人、日本女子大320人、女子美術大80人（警視庁調べ）。津田塾大では学生がバスをチャーターして国会前に出かけている。同大学ではこんな記録が残されている。

「安保阻止統一行動の際は、本学の学生たちもバスを連ねて参加した。そのときには大学側は学生デモ行進護衛を決議し、若い教員が一緒について行き、協定が成立して帰るとき、皆さま、気をつけてお帰りくださいといった、というから、本学の学生運動の程度も推し量れると

いうものだろう。そのころ逮捕された学生もいたし、学生運動のセクトの対立がからみ、危険だから娘の名前を名簿から抹殺してほしいと親が頼みに来るようなこともあった」――『津田塾大学100年史』2003年

地方都市の女子大も同様だった。

福岡女子大では1959年10月の集会には235人が参加。1960年、安保闘争では福岡女子大が授業を1週間ボイコットしている。学内集会、市内デモに多くの学生が参加した。

この学校は10年間左翼団体から狙われている

1960年代をみてみよう。

いまもむかしも学生運動、左翼とは無縁であることを誇りにする大学がある。その1つが昭和女子大だ。しかし、同大の女子学生2人が、その「誇り」を打ち砕くような活動を行った。といっても授業妨害、ストライキ、暴力行為ではない。

1961年10月、昭和女子大の学内で民青同盟員の女子学生2人が破防法反対の署名活動を行った。大学は彼女たちに民青を辞めなければ退学処分を科す旨を伝えた。また、ある学監は授業中、こんな話をしている。

「この学校は十年間左翼団体から狙われており、現在、教師1名、学生3名からなる民青同の

細胞が存在しているので、これを根こそぎに退治する必要があり、もし民青同加入者がこれを脱退して謝罪するならば許さぬでもない」「組織というものはそう簡単にやめられるものではない。頭の中まで思想を変えられるのか」——『大学管理運営資料集』文部省　1966年

この女子学生は大学の対応に反発して、キャンパス内で他大学の学生とともに抗議活動を行っている。また、週刊誌『女性自身』（——1962年1月20日号）に「良妻賢母か自由の学園か」と題して「古さと新しさ、自由と封建制。その断層が生んだ悲劇」と記している。

昭和女子大は態度を硬化させた。彼女たちが学内で集会を開いた、メディアで大学を中傷したことなどを、「学校の秩序を乱しその他学生の本分に反した者」に該当するとして退学処分を科した。

学生側はこの処分を不服として裁判を起こした。1974年、最高裁は「学生の政治活動制限は違憲ではない」として、学生の訴えを退けた。その理由は「私立学校は建学の精神に基づく独自の伝統や校風、教育方針によって社会的存在意義があるのだから」、大学の学則は社会通念上、合理的なものである限り、「学生はその規則に服する義務がある」からだ。

同校は、公式の大学史において、こう綴っている。「思いがけなく起こった学生の不祥事は、四十年にわたる本学の歴史に汚点を残すことになってしまった」「かくのごとく不祥事件に悩まされたことは痛恨の極みであった」——『昭和女子大学七十年史』1990年

学生運動、左翼が大嫌いなのであろう。

1965年、お茶の水女子大の学生は学生寮の管理規則に反対してストライキを行った。事の起こりは文部省による学生寮の締め付けだった。同省が大学に寮の管理運営を任せる内容(寮生選考、寮費値上げ、寮の規則改正など)を提示したことで、女子学生は猛反発した。お茶の水女子大自治会の北川尚子委員長はこう警戒する。

「全国の大学寮が老朽化したことに目を付け、生活と引き替えに寮自治を奪おうとしている。こんな文部省の政策に教授会が言いなりになっているのが問題です」——朝日新聞1965年9月28日

2018年、京都大では吉田寮廃寮問題で、大学と学生が対決している。ポイントは寮の自治であり、問題の本質は半世紀以上前のお茶の水女子大とまったく一緒である。老朽化したから新寮に立て直し、それは大学が管理、運営するという計画も同じだ。大学は学生に管理運営を任せる「学生による自治」という発想が大嫌いである。

石油ストーブの火で吸う煙草はおいしかった

1967年10月8日。羽田闘争で京都大生の山﨑博昭が死亡する。この闘争に参加した横浜国立大の北村智子の証言。発砲とは催涙弾のことである。当時はヘルメットを被っていない活動家が見られ、負傷者を多く出した。

「ああ、ここは日本でない。ベトナム戦争そのものだ、と感じた。発砲に逃げまどい、後に戻ることになった。装甲車が斜めに止まっていたため、右側（空港を背にして）に行ったら、橋の欄干と車との間が人1人しか通れないような狭さで、みな退いて後に行こうとしたので、ぎゅうぎゅうだった。押されて体が半分以上欄干から乗り出してしまい、目の下は川だった。泳げないので落ちて死ぬと思ったが、うまく押されて後に戻ることができた」——『かつて10・8羽田闘争があった』合同フォレスト　2017年

ジュッパチ・ショックと言われ、大きな衝撃を受け、これを契機に学生運動に関わった女子学生は少なくない。

1968年5月、日本女子大自治会はベトナム戦争反対のデモを行った。大学の反対を振り切って大学から目白駅までデモを行っている。日本女子大主催で単独のデモは初めてだった。もっとも、途中、近くの学習院大の学生も合流している。

9月、上智大では学生闘争委員会が学長との団交を求めて校舎を封鎖した。その渦中にいた桑原陽子が、語っている。

「教室だった場所が寝室に、食堂に、勉強部屋になったとき、私たちの世界は生まれた。バリケードの外では、連日、『教室を返せ』とわめく秩序派の学生や教授とはげしい対立があったが、バリケード内の討論集会やビラ作成は私たちの活動の源だった。石油ストーブの火で吸う煙草はおいしかった。床にふとんを敷きつめ、寝間着に着替えることなくゴロゴロしていると

きは、普段、家にいるときはいかに不自由な生活をしていたかを、つくづく感じたものだった。同じ一杯のインスタントコーヒーでも、バリケードのなかでは違っていた」――『女子全学連五人の手記』自由国民社　１９７０年

12月、相模女子大が学長室を机やイスを並べて封鎖し学長をカン詰めにして、退陣を求めた。

１９６９年1月、東京大安田講堂で学生と機動隊との攻防戦が始まる。駒場キャンパスでは全共闘、民青、右翼、機動隊の4つどもえの闘いが繰り広げられていた。

駒場で校舎に立てこもった全共闘の寺崎ふみ子がこんな手記を残している。

「わたしの19年半の生のどの時期よりも楽しくて愉快で自由だった。限られた空間に閉じこめられ、炊事係の重労働（火は屋上のカマド、水はため水）に追われながら、私は自由で生き生きとしていた。大ナベに水を入れて階段を昇り降りするのはかなり疲れるが苦しいとは思わなかった。何日持つか、あるいは持たせなければならないかよくわからない食糧と水、とりわけ動物性たんぱく質（ソーセージ、かんづめなど）と野菜果物類が不足しているなかで、戦士達に味と栄養と量を満たすような、献立を考えるのは並大抵ではなく、ちょっと得意なところでさえあった。寒い夜の見張りのために乏しい食糧や火から暖かい夜食を工面するのは、楽しい苦労だった。わたしは炊事係としてのわたしの労働を誇っていた」――『ドキュメント東大闘争屈辱の埋葬』東大全共闘・駒場共闘編　亜紀書房　１９７０年

こうした性別役割分担に反発する声も当然、出ていた。バリケードのなかで「おにぎりを

作ってほしい」と頼まれて、「それはわたしの仕事ではない」と断った活動家がいる。だが、このころは、学生運動内における女性差別が大きな問題として顕在化していなかったと言えそうだ。

東大全共闘の近藤ゆり子は60年安保へのこだわりを持っている。「中学・高校では、毎日のように自死の方法を考えていた。同時に実行する勇気もないと考えていた。そうした十代の息苦しい日常の『先』にはいつも『樺美智子さん』がいた。『1970年6月15日には私は東大で学生運動をしている。そこで『何か』を見つけられなかったら、いよいよ死ぬしかないが、その時までは『決行』を延ばそう」——『かつて10・8羽田闘争があった』合同フォレスト　2017年

4月、広島女学院大では学生総会が開かれ、4月28日の沖縄デーに向けてストライキを可決した。講堂前で集会を行い、市中デモを行っている。また、学内には反戦委員会が結成され、ビラ配布や立て看板掲示、集会の自由を求める動きがあった。同年1月の東京大安田講堂攻防戦で、広島女学院大の学生が参加したことが報じられている。

われわれは、どんなに弾圧を受けても前に進むしかない

東京大全共闘で「ゲバルト・ローザ」「チェ・ゲバ子」「ジャンヌ・ダルク」と呼ばれた女子

学生（大学院生）がいた。博士課程に籍をおく柏崎千枝子だ。都立白鷗高校から現役で東京大に入学した秀才だった。

1969年3月、全共闘は大学側と団交を行っていた。このとき、耳栓をして全共闘を無視している教員がおり、柏崎は自著でこう記している。

「そうした不まじめな態度を問い詰めると、ニヤニヤ笑いながら『君たちの質問に答える必要はない』と返答したのである。こんな人間としての誠実さの一かけらも見いだせないような人間が、さまざまの犯罪を犯しているのだ。われわれは、この無責任きわまりない教授会のひとりひとりに、大衆的に徹底した自己批判を求めていった。（略）われわれは、どんなに弾圧を受けても前に進むしかない。権力が弾圧すればするほど、その暴力支配の本質が明らかになり、われわれと権力の矛盾が深まらざるを得ないし、その矛盾の深化を通じて、最後にはかならずわれわれが勝つだろう」――『太陽と嵐と自由を』ノーベル書房　1969年

柏崎はこの団交で耳栓をした教授を殴ったとして、集団暴行容疑で逮捕された。もっともその教授によれば「ポンと僕の頭を平手で叩いたものがある。一発だし痛くもなかった」――『週刊朝日』1969年5月16日号

「ゲバルト・ローザ」はメディアにすれば格好の話題だった。60年安保の樺美智子はここまで戦闘的ではない。しかし、柏崎は「闘う女」と見られ、およそ真偽が定かではない、彼女の暴力性が、いまのネット用語で言えば「拡散」されていく。

まだまだ「女のくせに」と言われる時代にあって、柏崎の存在は女子学生に大きな勇気を与えたようだ。女子学生活動家は、「～～大学のゲバルト・ローザ」「～～学部のジャンヌ・ダルク」と呼ばれることがあった。それはリスペクトというより、男性社会に勇敢な女性が入ってきたことへの揶揄、冷やかしである。

東京女子大自治会委員長（全学闘争委員会委員長）の遠藤浄子はメディアに登場したこともあってちょっとした有名人だった。大学教員からもしっかり認知され、教授から名指しされることはしょっちゅうあった。

「不法占拠をやめなさい。立ち退きをする。立ち退いてください。おい、遠藤、立ち退けよ。遠藤、立ち退いてくれよ。おい、遠藤、そこでペチャクチャしゃべっても仕方ないだろう」

――朝日新聞1969年10月15日

11月、遠藤は全闘委メンバー30人とともに東京女子大学長宅へ押しかけ面会を求めている。妻が不在を伝えると、全闘委は「奥さん、ひきょうよ」「学長出てこい」「会わせろ」などと声を上げていた。そこに地元の警察官がかけつけて、遠藤を含めて9人が捕まっている。

10月、東京女子大キャンパスの一シーンがこう描かれている。

「ヘルメットにデニムズボン。登山靴に身を固めた全学闘争委員会派の一団、彼女らを阻止しようとスクラムを組むスト終結派のグループ、色とりどりのミニスカートがシュプレヒコールにあおられて大きく波うつ。モーレツなんてものじゃない。

『暴力ハンターイ』

『おまえの方が暴力だ』

『とにかくやめてえ』

『感情でいうのはナンセーンス』

『バカ、引っ込め』

ついに泣き声になっての応酬である」――読売新聞1969年10月26日
この記事を書いたのは男性記者であることが容易に想像できる。学生運動に関わる女子学生をここでも揶揄する心理が見え隠れし、それが興味本位でからかい半分で描かれているのがわかる。

次の記事も同じような目線だ。事実関係を押さえておくために引用しておく。1969年後半あたりから各大学で内ゲバが見られるようになった。9月、お茶の水女子大で全学闘（全学闘争委員会）と自治会が衝突しており、そのときの様子が「女の闘い」という矮小化した締めくくりで伝えられている。

「ヒジや肩を使って体当たりしたり、髪の毛を手で引っ張り合ったり、『キャー』『イヤー』と悲鳴も混じってつかみ合い、もみ合いが約10分、間に入ろうとした教官も、メガネを払い落とされたり、突き飛ばされそうになって顔を真っ赤にしたり、正門の外の機動隊もあっけにとら

れて激烈な女の闘いを見ていた」――朝日新聞1969年9月18日

女子大の学生運動でも、自治会掌握など主導権を新左翼系か民青系のどちらが取っているかによって、封鎖、対立党派への暴力など、その形態は大きく異なってくる。

福岡女子大の学校史に興味深い記述がある。

「自治会および新聞が三派系や革マルではなく、民青支持の学生に掌握されたことは、学校当局にとっては幸いであったかもしれない。なぜなら、かれらは学校当局を敵にまわそうとせず、協力して明るく豊かな学園を作ろうとする。話し合いで物事を処理しようとし、また妥協点を心得ている」――『福岡女子大学五十年史』1973年

民青系が主導権を握っていたから、たいした騒ぎにはならなかった。大学にとっては良かったと言いたいのだろう。民青寄りの歴史観である。

1969年も各地の女子大で闘争が続く。

10月17日、午前5時ごろ、京都女子大で女子学生が角材を持って事務室に入りこみ封鎖しようとした。だが、たまたま通りかかった京都府警のパトカーに発見され、応援でやってきた警察官とともに封鎖を解除し、女子学生8人が建造物侵入、暴力行為、凶器準備集合罪で現行犯逮捕された。京都女子大、関西大の学生が中心だった。

京都女子大は仏教系である。ミッション系女子大はどうだったか。

1969年、どの大学にも必ず活動家はいた。どの大学も紛争の火種を抱えていた。しか

し、聖心女子大、清泉女子大、白百合女子大といったミッション系はさすがに封鎖および封鎖未遂は起こらなかったようだ。もっとも活動家がいなかったわけではない。東京大と合同ハイキングで仲良しだった聖心女子大の学生が、東大全共闘に感化されるケースも見られた。

学生運動で挫折する、精神的に不安定となり、また、内ゲバに絶望することによって自殺する女子学生も見られた。

もっとも有名なのは、立命館大の高野悦子であろう。彼女が生前に残したノートをまとめた『二十歳の原点』は200万部を超すベストセラーとなり、映画化されている。高野は闘争にのめり込んだ様子をこう綴っている。

1969年2月、大学に機動隊が入ったときのことだ。

「8時ごろ、機動隊が西門から入ってきた。1メートルほどの距離にジュラルミンの盾をもった機動隊に対して、私はスクラムを組んで『カエレ!』のシュプレヒコールを叫んだ。声を限りに私は帰れのシュプレヒコールをあげた。しかし次第に私達はおされて後退した。後でノホホンと叫んでいるわけにはいかない。私は先頭へ出て力一杯に帰れ! と叫んだのだ。私を取巻く常識や風潮や政府の欺瞞性を『帰れ!』の一語にこめて叫んだ。しかし次第におしこめられてしまう。私は口惜しかった。涙がポロポロでた。しゃくだった」――『二十歳の原点』新潮社 1971年

下宿や寮で性解放が良いのだという風潮の中、肉体関係を持つ

１９６０年代後半、女子学生は党派の全学連、大学の全共闘のメンバーとして学生運動に関わった。こうした体験を「楽しかった」と振り返る人もいるが、つらい、苦しい思いをした女性も少なくなかったようだ。

とくに性的役割分担、性暴力である。今ならば考えられないような話が、『全共闘からリブへ』（——インパクト出版会　１９９６年）のなかで語られている。

ここから同書の手記で描かれた性、性暴力に関わる話をいくつか引用する。正直なところ、引用するにあたってかなりのためらいがあった。学生活動家による強姦という衝撃的な話が語られている。ただただ興味本位に引用するだけと非難されはしないか、と恐れた。しかし、それ以上に伝える価値が十分にあると考えるにいたった。昨今、さまざまな形で取り上げられるようになった性暴力追放の気運の高まりがあったからだ。社会運動のなかで性暴力が横行していたという事実に向き合うべきであり、恥ずべき歴史を反省すべきだと思ったからだ。そして、いまの社会運動でも性暴力が起こりえる。負の歴史から教訓を得なければならないと考えるからだ。以下、引用した本では実名だが、イニシャルで記した。

・多摩美術大／Y・T（1967年入学）

「実際にバリケードができた時にはすごく興奮しちゃったんです。（略）私はああ、宿題やらなくてすむと思って、何かすごく興奮して、お祭りだと思って。この閉塞状態から見れば中のほうが面白そうだって。それでバリケードができた時に、この中に入れば何かいいことがあるかもしれないと思って、本当に後先も考えずにすっと入っちゃったんですね。そしたら、中ではみんないろいろな話をしてて、非常に開放的な場所でね」

はじめは解放された気分で喜びを感じる。しかし、男子学生とのまっとうな共存が成り立たなくなったケースもでてくる。

・早稲田大／T・H（1964年入学）

「女子学生はまず『救対』、デモのときは『荷物持ち』という感じがあり、わたしはそれに反発しました。男より非力でも、私だって荷物持ちよりもデモをしたい。炊き出しのおにぎりを握るより集会で発言したい、と思っていましたし、実行しました。でも、それは当時、役割分担があたりまえのこととなっており、たいへん疲れることでありました」

いまでいう、#MeToo運動などやれる雰囲気ではない。権利を主張しても男子は聞き入れてくれない、という現実があった。

・沖縄国際大／M・H（1969年入学）

「学習会ではもちろん理論を勉強するが、そのことはあまり覚えてなく、角材の使い方の指導で『突けー』という合図で踏み込んでいくという訓練があったことは鮮明に覚えている。（略）高校時代からの友人で革マル・中核系の女性数人とは付き合っていたが、彼女たちに受け入れられたのは、妊娠中絶の費用を捻出する要員に過ぎなかったということである。表では闘士として、ヘルメットにマスクで鉄パイプを持ち歩く彼女たちだったが、私生活は実に幼いものがあった」

戦争中の竹槍での突撃と同じであり、重装備の機動隊の盾にかなわないのに前近代的な闘争形態で立ち向かっているところから、学生運動にはマッチョな世界の一面があったのを見ることができる。そして、性暴力の横行である。

・

広島大／W・F（1971年入学）

「当時の学生運動の中には、男の側のいきがりと名誉欲、女の側には尊敬する男を通しての自己実現という傾向が存在していたが、まだ、性別役割分担を批判したり、性差別を問題にすることはできていなかった。（略）一軒家を借りていた学生のところで、社研メンバーと私が合宿のように寝泊まりしていた五月ごろ、みんなで酒を飲んでいた夜に、酔いすぎて別室に行った私は一人のメンバーに強姦された。（略）一年以上消耗したあとの一九七四年、（略）社研と強姦した男を糾弾した。糾弾の結果は、理解されないままの自己批判書、話し合い、その書き直しという作業の繰り返し、見込みなしとしてこちらの側から打ち切ったのだが、このとき、とにかく糾弾したこと、せまい範囲ながら半公開にして、強姦だったという認識と自己批判を出させたことが私を恐怖感と無力感から少しは立ち直らせてくれた」

・**千葉大／M・M**（1968年入学）

「本部建物が撤去されやることがなくなったとき、バリケードで知り合った男女が下宿や寮で性解放が良いのだという風潮の中、肉体関係を持つようになりました。そうした中、活動の中で、バリケード闘争の中で起きたリンチ事件を知りました。革マル派が対立する中核派の女性をリンチし強姦し大学に来させなくしたのです。（略）私は無知だったので、いっぱしの性解放論者を気どっていて、黒色テントを大学祭で呼んだ文化運動をしている男たち2人と同時にSEXしました。彼らは、SEXの後、ぐったりしているわたしの膣の写真を撮影したのです。写真を返せと抗議しましたが、返してもらえませんでした」

こうした話が増幅されて、大学のバリケードのなかで乱交が頻繁に行われていた、という都市伝説を作ってしまう。元産経新聞記者でジャーナリストの高山正之はこんな記事を書いている。

「第一次安保の時には例えば後に革マル派の根拠地となる早稲田のある学部の校舎はそこに行けばセックスができる大乱交便所と化した。対抗して代々木派は歌って踊ってセックスしての

民青で若い学生を奪い合った」──『新潮45』2018年6月号

50年経った今もって、こう語られてしまうのは、1969〜1970年ごろ、多くの大学で「解放区」が生まれ、若い男女がそこでともに寝泊まりすれば、何も起こらないわけがない、という想像が膨らんだからだろう。それは、当時のメディアでも伝えられていた。男性週刊誌にこんな記述がある。

「活動家のSEX処理がウーマンリブに火をつけた　女性活動家の役割は石運び、救対、そしてSEX処理というのがこれまでの常識」──『週刊プレイボーイ』1971年8月24日号

女子学生は石運びどころか、火炎ビンも運んで逮捕された、デモの最前線に立つというより救対という逮捕時や負傷したときの救援を担当した、ということではあたっている。だが、「SEX処理」という役割があって、それが「常識」という話は聞いたことはない。

実際、バリケードのなかで「乱交」はあったのか。当時の活動家が異口同音に「あり得ない」と話す。バリケードのなかは「楽しい」といっても緊張感が強いられる場である。いつ、機動隊、右翼、対立党派が襲ってくるかわからないので、「乱交」など思い浮かばない。また、闘いの場で乱交するなど活動家としての倫理観から許せない。神聖な場を傷つけてはならない、という理由からだ。

ただ、バリケードから離れて1人暮らしのアパートに帰ると、緊張感からいっきに解き放たれて、そこに恋愛感情がなくても互いを求め合うこともあった、それはフリーセックス、性解

放がブームということもあって、それを口実にムリヤリ、セックスに及ぶこともあったが、そこに同意があったかは疑わしく、無理矢理感はあったと、活動家はふり返る。それを強姦とは認識しなかったようだ。

こうした男尊女卑的な世界には反旗を翻す女子学生が現れても不思議ではない。

1971年7月15日、中核派系の全学連大会で女子学生が激しく造反している。中央大の女子学生が激しい口調で訴える。

「てめえのかあちゃん囲い込んどいて、体制打倒なんてちゃんちゃらおかしいや、女子活動家よ、囲われておいて、そのことに不自然さを感じない革命的鈍感さを持っていたのでは、ブルジョアジーに勝てないよ。（略）最後に女子活動家諸君へ。女がついていなければ闘えない男など、突きはなしてしまえ。全学連書記局Mクン、女性解放は反対だといったキミのことだよ。男よ、わたしはあなたたちを生かしておきたくない。女よ、自己解放のイニシャティブを男に渡すな。日本階級闘争の未来を決するのはわれわれ女だ。革命の内的必然性をわがものとせよ」――『週刊プレイボーイ』1971年8月24日号

1970年代半ば以降、こうした威勢の良さが革命運動で発揮されることはなかった。そもそもこうした運動そのものへの支持が急速に離れてしまったのだから。

革マル派と中核派の女子学生

『全共闘からリブへ』より、もう1つ証言を紹介しよう。

九州大／K・K（1966年入学）

「政治の季節を性の季節とともに迎えた私たちは、それぞれの性に揺れ動きました。まず、バリケードのなかでは、『性的分業』が貫かれ、『飯炊き』や『活動家を支える恋人』が女に求められました。その枠からはみ出す女に居場所は少なく、活動家の女性の友人は僅かでした。（略）東京から大阪に帰る動員の労働者のバスに便乗させてもらった時に、胸を触られていると気がついたときに抗議できず、寝返りを打っただけの私。（略）東大に遅れること10カ月、最後のたてこもり闘争は、玉砕型の古さも持ち合わせた単なる政治ショーにもなりかねないものでしたが、わたしにはある再生の予感があり、自由でのびやかな気分でした」

15年安保における学生による社会運動で、「玉砕型の古さ」はまったく示されなかった。暴力を否定して、逮捕は絶対に回避する、という、いわば秩序正しい闘争が繰り広げられていた。かつての全共闘女子が高齢者になって、SEALDs女子のスピーチに目を細めて応援するのは、自分たちの闘争を顧みてここに理想形を見たからかもしれない。

1970年以降、学生運動は停滞する。ありきたりな見方だが、連合赤軍事件、内ゲバで殺人が起こったことで、学生の政治離れがいっきに起こった。女子だから殺す側、殺される側にならないという「性的役割分担」はない。

連合赤軍事件では横浜国立大などの女子学生が殺された。また、この大学でも内ゲバが多く頻発して白昼、大学施設で死者を出している。こんなニュースが伝えられている。1971年11月に起きた事件だ。

「女子学生を逮捕　3人手配　横浜国大の内ゲバ殺人　鉄パイプや角材で武装した中核派学生20数人が押しかけ寮内に寝ていた革マル派学生3人を死傷させた」——朝日新聞1971年11月19日

1973年8月、国学院大の革マル派活動家の女子学生が襲われている。

「Bさんが帰宅するのを待ち伏せていた4、5人の学生らしい男が鉄パイプやバールで殴りかかったらしい」——朝日新聞1973年8月23日

活動家集団のなかで女子学生がこういうシーンを見せつけられれば、運動から遠のいてしまうのは当然だろう。

学生運動冬の時代は続く。一方で、男社会の学生運動に愛想を尽かした、一部の女子学生は、ウーマンリブ運動に関わるようになった。

ここで、1970年代、中核派と革マル派の活動家になった女子学生を紹介しよう。

N・Hは、1967年、都立日比谷高校から東京教育大（現・筑波大）文学部に進み新聞部

に入った。このころ、新聞部は革マル派の影響下にあり、Nは同派の活動家と見なされていた。1971年、大学を卒業し川崎市役所職員となる。1975年、Nは中核派によって殺されてしまう。内ゲバだ。当時、川崎市役所職員だった彼女は電話で市役所裏に呼び出され、3人組の男に鉄パイプで頭を殴られてしまう。このとき、Nが頭から血を流して倒れている生々しい写真が『サンデー毎日』に掲載されており、かなり衝撃的だった。

中核派は機関誌で「反革命白色テロ分子を完全せん滅（中略）川崎市職潜入分子Nに復讐の階級的鉄槌」（――『前進』1975年3月31日号）と伝えており、同年2月に中核派最高幹部本多延嘉が殺害されたことへの報復と表明した。

Nの高校の後輩に高田裕子という活動家がいた。1969年、日比谷高校から慶應義塾大文学部に進んだが、2年のときに中退して労働運動の道に入り、中核派活動家となった。彼女の夫、高田武が2018年に著した回想録には、高田裕子の証言としてこんな記述が残っている。

「わたしは、横須賀緑荘の爆弾と東宮御所で逮捕された2人の爆弾にかかわっていて、『天皇在位五〇周年記念』をねらった爆弾闘争を同時にやる予定だった。爆弾はもう1個のこっていて、その後、『弔い合戦だ』みたいなはなしがあったけど、その作戦はなくなって、その爆弾を処分しろという上からの命令があって、それを私ともう1人、亡くなっていまはいない人と処分したんです」――『地下潜行』社会評論社　2018年

1975年9月、横須賀市内のアパート緑荘で1階に住む中核派3人が爆弾製造中に爆発を

起こして全員死亡、2階に住んでいた無関係の母娘が巻き添えにあって死亡した事件が起こった。中核派はいまでもこの事件について沈黙を守り、真相は闇に葬られたままだ。この爆発事件に高田が関わっていたことが40年以上経って明らかにされたわけだ。

1986年、高田は「成田空港と羽田空港へのロケット弾攻撃」に関わったとして爆発物取締法違反で逮捕され、8年間、未決収監される。2012年、62歳のとき癌で死亡した。

当時の日比谷高校は学校群制度以前であり、都内でもっとも成績優秀な生徒が集まっており、東京大合格者数でトップを続けていた進学校、エリート校だった。彼女たちも難関校だった東京教育大、慶應義塾大には現役で合格しており、かなり優秀な女子学生といえる。しかし、身を捧げた革命運動で党派が打ち出した暴力の論理によって、2人は運命の歯車を大きく狂わされたといっていい。

女性を踏み台にしなければ叫べない「平和」など願い下げだ

2020年の今日まで女子学生数は右肩上がりで増え続けている。1980年代の反核運動、1990年代の湾岸戦争反対運動に女子学生は参加しているが、多数派とは言えず、目立たなかった。

民主青年同盟の活動家には女子学生が多かった。戦争反対を唱える一方で、生活改善や女子の就職差別を訴えている。１９９５年、共産党と友好関係がある全学連委員長に東京大の女子学生が就いている。全学連を名乗るグループはほかに新左翼の中核派、革マル派など合わせて５つあるが、学生運動の指導者になったのは彼女だけであり、それ以降、女子の委員長は出ていない。新左翼党派の学生運動は男社会である。女子学生はいたが、きわめて少数だ。中核派系全学連には洞口朋子がいたが、２０１９年に杉並区議会議員となった。

女子学生が国会前でスピーチする姿を見るのは、２０１０年代半ば、SEALDsの登場まで待たなければならなかった。

２０１１年、京都大で活動家だった上野千鶴子は40年ぶりにデモに参加した。反原発を唱えるために。２０１５年では安保関連法案反対を訴えるために多くの発言をしている。

上野はSEALDsを応援する。

「過去の失敗から学んで、街頭行動を日常の生活の延長に位置付けようとした。礼儀正しくデモをし、時間通り解散し、ゴミを拾って帰る彼らに、革命の夢から覚めないオジサンたちは『なぜ国会に突っ込まない』といらだつ。まだ、目が覚めないのか。オマエたちは、と彼らの凍結した時代感覚に、わたしは心底うんざりする。かつて若者だった頃、わたしたちは『こんな社会にだれがした？』と親たちの世代に詰め寄った。いま、人生の過半を過ぎて、もし、若者から『こんな社会にだれがした？』と詰め寄られたら、申し開きができない立場にいる」

――『かつて10・8羽田闘争があった』合同フォレスト　２０１７年

SEALDsは上野たち学生運動を経験した全共闘世代をおおいに勇気づけた。国会前では男女の差なく活動している。スピーチ、コールではむしろ女子学生の声のほうが響きわたったぐらいだ。全共闘世代の女性は闘いの場で、おにぎりを作ったり負傷者や逮捕者を救援したりする、いわば後方支援に徹することが多かった。その点、SEALDsはステートメント作成、広報、渉外、宣伝、ネット対応など、男女がまったく同じ立場で活動する理想的な運動体に見えた。そこに少なくとも女性差別はないはずだと。

これまで社会運動、学生運動には女性差別が多く、性的暴行も見られた。かつての女性活動家の話を聞くと、そう断言していい。

SEALDs、「未来のための公共」は、温暖化対策を求めるデモはどうなのだろうか。60年安保、全共闘の時代よりは、女子学生がはるかに多く、集会やデモ行進の最前列に並んでいる。女性がスピーチする姿をよく見かける。社会運動のなかで女性差別はなくなった、とメディアから評価されたが、じつはそうでもなかったようだ。

SEALDs解散後、元SEALDsの女子学生が次のように語る。

「私たちSEALDs女子は自分達が期待される役割に十二分に気付いていた。たとえば――討論会などで、『政治なんて勉強したことのない』『頭が悪い』『でも可愛い』『女子』大生として、隣で喋る男性メンバーに花を添えることがあった。デモでは、『もっと派手な格好をするように』と男性メンバーから冗談交じりに言われた。意思決定やステートメントなどの文章作成の場に女性がいないことも多くあり、それは女性側の能力や意欲不足の結果であるとされた。『女子もいなきゃまずい、座っているだけでいいから』と言われて、メディアに出演したこともある。写真素材で優れた容姿だと判断されたメンバーを前面に出していく『戦略的』決定は、当たり前に下された――など。

SEALDsは、男女が平等に振る舞うことができるという意味で、『過去の運動とは異なる』『新時代の』学生運動として取り上げられたが、現実は、その象徴として女性メンバーの肖像が消費され続けたわけです。

セクハラをした男性が笑顔でレインボーフラッグの下で『平等』のためのコールを唱える、飲み会では性差別的発言を繰り返すその人が、『差別主義者』に中指を立てる、『危ない奴もいるから』とパトロールを始めた男性がパートナーに暴力をふるう――そんな姿を見かけました。

もうこんな社会運動は終わりにしませんか。

反戦も反差別も反貧困も反原発も、反辺野古基地建設も、すべての根底には基本的人権の尊重があり、１人の人間として尊重されることを望みたい。女性たちを踏み台にしなければ叫ぶことのできない『平和』など願い下げです。

社会運動にかかわる男性のなかには、自らを『反権力』の側に位置付けているがゆえに、自らの権力には無自覚な場合が多すぎます。まずは、性暴力が被害者にどれだけの傷を残すのか知ってほしい。性暴力とはセクハラ、家庭内やカップル間のモラルハラスメントを含む。男性が男性であるというだけで圧倒的な『権力』を持ちうることを理解し、自分の持つ権力が暴力として行使されていないか、常に最大限の注意を払ってほしい」

社会運動内の性暴力

女子学生の闘いはどのくらい勝利に結びついたのだろうか。

学生寮改善、授業料値上げ反対、全共闘運動など、学生生活、自治に関わる問題ではなかなか勝つことはできなかった。いま、学生寮がずいぶん整備されている。4人部屋よりも個室が増えセキュリティも万全になった。京都女子大のある学生寮は1階が交番になっている。また、一部の大学でパウダールーム（化粧室）、シャワー室を備えるなど、女子学生に向けた福利厚生面が充実している。これは、大学の学生募集を重視する経営戦略の1つが、女子学生のニーズと合ったと見ていい。

政治課題はどうだろうか。

60年安保、ベトナム戦争、湾岸戦争とイラク戦争、自衛隊の海外派遣、原発、特定秘密保護法、安保関連法案など、女子学生はこれらに反対するため声をあげてきた。

いずれの運動でも女子学生は存在感を示した。しかし、負の遺産も作ってしまった。連合赤軍事件、党派間の内ゲバなどでは、加害者被害者双方の立場に身を置くことになり、悲惨な運命が待ち受けた女子学生もいた。

社会運動、学生運動そのものも、女子学生に居心地が良いとは言えなかったようだ。運動内での性暴力、差別、理不尽な性的役割分担を強いられるなど。それは、これだけジェンダーの問題が大きく取り上げられている２０１０年代にも見られた。最後に紹介した元SEALDsの女子学生の訴えは、運動に内在する男尊女卑の雰囲気を伝えてくれた。

２０１５年の国会前で、「人権派」と言われる大学教授、評論家、作家、ジャーナリスト、出版社社長、市民活動家が、安倍政権に抗議活動する女子学生に、セクハラあるいはストーカーのような執拗なつきまといをしたという話を聞くことができた。「それを明るみにしたら運動にダメージを与える」という思いから、我慢した女子学生が複数いた。組織内や仕事上の力関係ではなく、自分が信念で取り組む運動のマイナスになる。我慢した女子学生の１人はたいそう悩んだそうだ。

その後、彼女は、「尊敬する人、味方だと思っていた人からのセクハラはものすごくつらいが、１人でも多く国会前に来てほしいから黙っていた。でも批判すべきだった」と後悔する。カメラマンの広河隆一が『DAYS JAPAN』のスタッフの女性に性的暴行を繰り返したことが発覚したときのことだ。広河から被害を受けたスタッフのなかには女子学生がいる。先の女子学生は、「自分と同じようにつらい思いをした人がいたのか。当時、我慢すべきではなかった」とふり返る。

こんな思いをさせた人物の罪はとても重い。それで運動を離れた人もいる。人権を謳い、差別廃止を訴える人が、反人権的な行為をすれば自らの主張を否定することになり、その人物が引っ張ってきた運動をつぶしかねない。

そのためには運動に関わる女子学生のまわりの人たちが、見て見ぬ振りをしないことだ。女子学生につきまとう、とんでもない人物は、どんなに尊敬する人でも、運動のリーダーであっても、世話になった人でも、親しい知人であっても、社会運動をする資格はない。だが、運動のリーダーシップに長けてとても面倒見が良く、人格者に見えるような人がセクハラ常習者であることで、女子学生をたいそう苦しめてしまうことがある。性欲をコントロールできないような異常性はなさそうだが、コミュニケーションとして当然のように体を触ってくる無自覚性に、女性は抗えない、あきらめてしまうという状況は見られた。しかし、このままで良いわけがない。もし、運動の中心人物がセクハラ常習者でその人がいなくなったら運動が成り立たなくなるようであれば、そんな運動はなくなっていい。セクハラ、性暴力をくり返す人権意識ゼロな人物がより良い社会を作れるわけがないのだから。

第４章

女子学生の歴史①

（1950年代、60年代圧倒的な男社会のなかで生き抜く）

ここからはいよいよ女子学生の歴史編に入る。

女子学生に関わることを時系列に追いかけているが、年代ごとに女子進学率などのデータや女子学生に関連するできごとを、均等にきちんと並べて整理しているわけではない。それゆえ、年表的に規則正しく歴史を記していない。女子学生にとってエポックメイキングになったと思われるできごとを、当時の資料を用いてクローズアップさせた。したがって歴史記述としてはかなりバランスが悪いが、その時代時代で女子学生がおかれている状況、女子学生の意識が浮かび上がるようにまとめた。もちろん、個々のケースから、その時々の女子学生が普遍的に語られるものではない。

1950年代、60年代、女子学生は少数派であり、圧倒的に男社会のなかで生きていかなければならなかった。当時の女子の四年制大学進学率を表にまとめた(表3)。そのなかで女子学生はどう現実と向き合い、社会に挑み、いわば闘ってきたかを、見てほしい。第2章で紹介した「女子学生亡国論」の跋扈も、この時代の歴史の文脈から読み取ることができる。

・表3　4年制大学への進学率推移(1954〜1969年)

年	18歳人口(人)	男(%)	女(%)	計(%)
1954	1,713,361	13.3	2.4	7.9
1955	1,682,239	13.1	2.4	7.9
1956	1,746,709	13.1	2.3	7.8
1957	1,531,488	15.2	2.5	9.0
1958	1,663,184	14.5	2.4	8.6
1959	1,871,682	13.7	2.3	8.1
1960	1,997,931	13.7	2.5	8.2
1961	1,895,967	15.4	3.0	9.3
1962	1,974,872	16.5	3.3	10.0
1963	1,770,483	19.8	3.9	12.0
1964	1,401,646	25.6	5.1	15.5
1965	1,947,657	20.7	4.6	12.8
1966	2,491,231	18.7	4.5	11.8
1967	2,426,802	20.5	4.9	12.9
1968	2,539,558	22.0	5.2	13.8
1969	2,133,508	24.7	5.8	15.4

出典:「文部科学統計要覧」、「学校基本調査報告書」、「大学ランキング」、
武庫川女子大学教育研究所資料などを元に作成

〈1〉1940〜50年代――身の置き所がなかった

1949（昭和24）年、新制大学がスタートした。

戦後、女子学生の歴史はここから始まる（新制大学以前、帝国大学、旧制高等学校にも女子は通っていたが、本書ではここを出発点としたい）。入学者の出身校は、新しい教育制度＝六三三四制への切り替えの過渡期だったこともあり、1947年に発足した新制高校のほか、旧教育制度の高等学校、高等女学校、専門学校、帝国大学などさまざまだった。女子学生は高等女学校出身者が多かった。だが、各大学で女子学生比率は圧倒的に低い。いくつかの大学を表で示した（表4）。

1940年代後半から1950年代、女子学生草創期の彼女たちについて、まず、エリート層を輩出した国立大学から見てみよう。

女性初の最高裁判所判事となった高橋久子は福岡県立門司高等女学校（現・県立門司北高校）、東京女子高等師範学校（現・お茶の水女子大）を経て、1949年、東京大に入学した。女子は9人しかいない。これはどの大学も似たり寄ったりで、女子は100人に1人、200人に1人という少数派だった。高橋は両親には内緒で受験しており、受かったのなら仕方がな

・表4　新制大学１期生の女子学生数（1949年）

大学	女子（人）	男女合計（人）
学習院大	7	406
埼玉大	16	333
東京大	9	1,465
名古屋大	12	717
九州大	5	1,054

出典：各大学の大学史から作成

い、学費を出してやろうと事後承諾だった。

高橋はずっと女性だけの世界で学んできた。それゆえ、東京大でまわりはほぼ男性なので圧倒される。カルチャーショックを受けた。こう振り返る。

「本当に私たちの身の置き所がなかった。（略）いちばん困ったのは食事をどこでするか。地下の学食に行くと、男の人の熱気がわあっときて、心臓が弱いものですからね。もう食べるどころじゃなかったですよ」――『東大卒の女性』さつき会編　三省堂　１９８９年

高橋は卒業後、労働省に入り、退官後は最高裁判所判事に任命される。

１９４９年、名古屋大には12人の女子が入学している。そのうちの１人、文学部の鈴木宏子は男子の多さを苦にしなかったようだ。こう回顧する。

「大学の雰囲気は自由で女子学生は数が少ないので大切にされ、とても居心地が良かった。社会は全て不足の時代だったのに、一生の間にあのように楽しい充実した時を過ごす事が

できたのは幸せに思う」——『新制名古屋大学　第一期女子学生の記録』文月の会編　２００３年

新制大学は女子に門戸を広く開放した。しかし、女子がいっせいに押しかけてきたというわけではなかった。１９５０年代半ばまでは男社会だった。それ以降、文学部を中心に女子が少しずつ増えていくが、大学はまだまだ男社会だった。それを象徴しているのが、トイレである。

国立大学では旧制高等学校の校舎をそのまま使っているところが少なくなかった。女子トイレの数は圧倒的に少ない。戦後に建てられた校舎でも、女子が学ぶことをまったく想定していなかったような作りで、女子トイレを設置しなかったところが少なからず見られた。

たとえば、茨城大水戸キャンパスの理学部棟は１９５２年に建てられたが、女子トイレは少数しかなかった。しかし、女子学生が増える。どうしたか。

「１９６５～１９９０年の間は男子トイレの一部を天井からの障壁（化粧板）で仕切って増設に対応した」——『茨城大学五十年史』２０００年

信じられないような話だが、平成に入ってまで男子トイレを使っていたのである。

男子のレベルに追いつかない

話を１９４９年に戻そう。

一方で、この時代、学力面で女子が男子に追いついていないという現実があった。

１９４９年、名古屋大教養課程に進んだ五味道子は、愛知県立高等女学校（現・県立豊田東高校）、第八高等学校（八高）を経て入学した。旧制高等学校に通った数少ない女子の１人である。

五味は１９４８年に八高へ入学した当初、男子と学力の差に開きがあったことを痛感させられる。

「特に悲惨だったのは英語であった。私にとっては、クロスワードパズルに近く、しばらくの間、イディオムがまったくわからなかった。（略）数学の演習問題が解けず、黒板の前で授業の終わるまで数字を書いたり、消したりしていた」――『新制名古屋大学　第一期女子学生の記録』

なぜか。男子が通う旧制中学と、女子が通っていた高等女学校のカリキュラム、教育内容に差があったからだ。旧制中学のほうが履修科目は多くレベルが高かった。戦後、旧制高校に女子の入学が認められて、男子と同じ試験を受けて合格したのに、入学後、男子のレベルに追いつけない女子が少なからず見られた。

新制大学についても同じことが言えた。旧制の学校出身者のなかでは男子（旧制高校、中学出身）のほうが、女子（旧制の女子大、高等女学校出身）よりも学力が高かった。

また、女子だけをとっても、出身の学校によって学力差が生じていた。それはお茶の水女子大にも見られた。１９４９年、同大学文教育学部に入学した篠川孝子はこう見立てている。

「旧制の女学校から女高師に入って１年専門教育を受けてからあらためて大学の１年で教養科

目を学ぶ者と、新制高校3年を済ませてきた者と、また、同じ女高師から来た者でも女学校4年卒業者と5年卒業者があるからなのです」――『螢雪時代』1951年6月号

わかりやすく言えば、学力の高い順は、お茶の水女子大入学までのルートを見ると次のようになる。①高等女学校→女高師（東京女子高等師範学校）、②高等女学校5年卒業→女高師、③高等女学校4年卒業→女高師、④新制高校。

1950年前後は、六三三四制に移行する途上にあり、旧制度の経験者、新制度の教育を受けた者のあいだでは、同じ女子学生といっても学力差、社会に対するものの見方にギャップがあった。それが解消されるのは、つまり、同じ教育を受けた同等なレベルの女子学生がキャンパスに集うのは、1950年代半ばになってからのことである。

それでも、全体的に見れば、女子学生は圧倒的に少数派だった。

1950年代、女子の大学進学率は2％台を続けている。

進学校で成績優秀な女子は高卒で有名な銀行、商社、メーカーに勤めるケースが多かった。あるいは学年トップで東京大、京都大、早慶に行けるのに、場合によっては難関大学に合格したのに、地元の短期大学に進むという女子も見られた。

1952年、香川県立高松高校の進路を見てみよう。進学先は東京大12人、京都大9人、香川大72人となっている。一方で、女子の就職希望者は100人にのぼっており、地元の百十四銀行14人を筆頭に帝国銀行、大東京海上火災、富士銀行、伊予銀行などに内定している（――

高松高校新聞1952年2月15日号、5月2日号）。高松高校が進学率ほぼ100％になるのは1970年代になってからだ。いまならば、東京大、京都大、早慶の女子学生になってもおかしくない層が就職していた。

1953年、正田美智子が聖心女子大入学

いったい、どんな時代だったのか。

女子が高等教育を受けるという社会的なコンセンサスが得られていなかった、したがって、女子が大学に進みやがて就職するという社会構造が十分に作られていなかったのである。日本の政治、社会、文化を牽引するのは男性であり、女性は家庭を守ればいいという、男尊女卑の発想による。

また、地方都市においてはどんなに成績優秀でも女子は結婚するまで親元から離すわけにはいかない、という考え方も根強かった。都会で女子の1人暮らしなど、とんでもない話である。家父長制的なものがしっかり残り、父親の言うことは絶対だった。

それゆえ、新制大学で女子に門戸が開放されたからといって、女子学生がいっきに誕生というわけではなかった。

こうしたなか、女子学生になるのは限られた層と言える。①高度な知識と教養を身につけて

ほしい、②良妻賢母の振る舞いを身につけさせたい、③料理や服飾など手に職をつけさせたい、④特定の大学に進んでほしい――これらは親の意向である。本人が大学を志望する理由として、前記①②③に加えて、⑤勉強が大好きで研究者になりたい、⑥医師や弁護士など高度な専門職に就きたい、と固く決意した女子はいた。

①はお茶の水女子大、奈良女子大、津田塾大、日本女子大、東京女子大など。東京大、早稲田大などには進まず、女子大で専門性を磨いた。英語字幕で有名な戸田奈津子は1955年、お茶の水女子大附属高校から津田塾大に進んでいる。女性学研究者で運動家でもあった田嶋陽子（元参議院議員）は、1960年、津田塾大に入学している。

②③は大妻女子大、共立女子大、実践女子大、昭和女子大など。いずれも家政学部が強い。卒業後、それほど時間が経たないうちにお見合い、結婚というケースが見られた。それゆえ、せっかく手に職を付けたものの、社会で活躍する人材をそれほど多くは輩出しなかった。こうしたなか、ファッションデザイナーの桂由美は希有な例かもしれない。1951年に共立女子大に入学。卒業後はパリに渡ってブライダル部門のデザインを手がけて成功する。

②③④はミッション系の宮城学院女子大、聖心女子大、清泉女子大、神戸女学院大、ノートルダム清心女子大だが、日常生活（衣類、食事、余暇の楽しみなど）でお金がかかり社長や著名人など高所得者層の子女でなければ通えないというイメージがあった。たとえば、日清製粉社長令嬢の正田美智子は1953（昭和28）年に聖心女子大に入学している。のちの上皇后美智子

である。

このころの女子大入試はいまよりも難関だった。1954年入試において津田塾大、日本女子大、東京女子大、聖心女子大、神戸女学院大はいずれも英語、国語、社会、数学、理科の5教科が必須だった。共立女子大は数学か理科を選択、実践女子大は理科が必須となっている。いま、これらの大学は文系であれば英語、国語、社会の3教科で受験できる。

1954年当時、女子大は32校あった（大学数は全体で約200校）。親が大学進学に理解を示し、そのために親元を離れて都市部に出て行くことを許したとしても、男女共学はダメで女子大ならOKというケースもあった。しかし、女子大の数も限られてしまう。それゆえ、当時の女子大には成績優秀な女子が集まった。

1954年、お茶の水女子大合格者高校には進学校が並んでいる（表5）。

1950年代、難易度ランキングはまだ一般的ではないが、津田塾大、日本女子大、東京女子大はかなりの難関である。早慶に合格してもこの3女子大に進んだという女子は少なくなかった。大妻女子大、共立女子大なども難易度は高かった。

ところで、女子大に通うと、とくに女子寮に入ると、ある種、独特な世界観に遭遇することがあるようだ。こんな話が伝えられている。

1960年、奈良女子大文学部に入学した谷口英子は次のように話す。

「寮に入ると、みんなで1つの家庭を構成しているように、上級生・下級生の区別なく親しく

・表5　お茶の水女子大合格者高校（1954年）

	高校	人
1	お茶の水女子大附属	21
2	湘南	9
3	駒場	8
4	竹早	6
	都立大学附属	6
6	戸山	5
	西	5
	金沢大学附属	5
	白鷗	5
10	都立武蔵	4
11	山形東	3
	浦和第一女子	3
	小石川	3
	新宿	3
	豊島	3
	日比谷	3
	三田	3
	富山	3
	広島大学附属	3

出典：『螢雪時代』（1954年6月号）

なってしまうのは不思議ですね。私が驚いたのは、言葉遣いがすごくていねいで、『お食堂』『おすわり』『ごあいさつ』なんてはじめは気どっているみたいでなじめませんでした。いまはこれがスラスラでてくるんですから、習慣っておそろしいわ」――『螢雪時代』1960年7月号

1954年に野際陽子が立教大に入学

　1950年代、男女共学の大学で学んだ女子学生はどうだったのか。

　1951年、高知大文理学部に入学した北岡照子は、社会運動に身をおくことがあった。共産党系の候補者を応援するためにウグイス嬢を買って出たり、破防法反対、原水爆禁止を求める運動、うたごえ運動に関わっていく。農村青

年との交流も行われた。北岡は振り返る。

「吾北村では、女子学生とフォークダンスを踊ったことが長老の中で問題となり、青年団のリーダーが、一時、村外に追放される事件などもありずいぶん心配しました」——『高知大学三十年史』１９８２年

男女七歳にして席を同じうせず、という中国の古い諺が、当時の日本では3～4年前まで通用していた。地方の山間部では「ほとんど珍獣扱いされていた」という20歳前後の女子学生と腕をとりあうなど、あり得ない光景だったのだろう。


１９５４年に立教大に入学した、俳優の野際陽子がこんな回顧を残している。

「学生演劇と英語会に夢中になり、適当に生ぬるい感じで勉強をし、ずいぶんと生意気で、やっぱりとても純で若かった自分の姿が、もうまるで自分とはあまり関係のない他人めいた感慨で蘇ってきます」——『サンデー毎日』１９８５年11月9日号

１９５６年に入学した女子学生２人の話である。

九州大医学部の熊本ミツ枝は3年浪人している。合格体験記でこう振り返っている。

「女であるために進学を断念しなければならない人は、まず女性としての仕事を一応自身のものにすることです。たとえ、人より早く起きて朝食の用意をしてでも。また経済的にめぐまれなければ、一応の目安をつけた上で勉学を進めることです。恵まれた人を羨む前に、誰にも負けない自分自身を作ろうではありませんか」——『螢雪時代』１９５６年12月号

・表6　早稲田大の女子学生入学者

	1956	1957	1958	1959
第一政治経済学部	12	7	7	6
第一法学部	10	4	6	16
第一文学部	138	131	162	246
教育学部	88	146	197	204
第一商学部	1	3	2	4
第一理工学部	2	4	1	5
第二政治経済学部	6		5	5
第二法学部	6	2	9	10
第二文学部	6	85	89	73
第二商学部	4	3		2
第二理工学部	1			1

出典：『早稲田をめざす友へ』(早稲田大学新聞会1959年冬号)

これほど高い志を持った女子学生も、「女性としての仕事」として「朝食の用意」を課しており、さらっと自然に性的役割分担を実践しているのは興味深い。合格体験記には、「呉服店の店員、美容院の手伝い、台帳写しの事務、子守り、家庭教師など」の経験があり、女子学生になるため、というよりは医師になるため、二重も三重も大変な思いをしている。

群馬県立伊勢崎女子高校から早稲田大第一文学部に進んだ須藤きぬよは、早稲田愛がたいへん強い。しかし、早稲田大に入学する女子はまだまだ少なかった（表6）。

「いよいよ自由に真理の追究ができる、この感は大隈講堂での入学式で最高潮に達した。誰の顔も喜びと高遠の理想に燃え、真に若者そのものであった。一点の曇もなく

清く澄んだ若者の顔であった」――『螢雪時代』1956年6月号

結婚相手は「童貞であるほうがいい」が3割以上

1950年代の女子学生のスタイルはどのようなものだったのだろうか。東京教育大（現・筑波大）教授の唐澤富太郎はその一面について次のように記している。

「男子の学生を『君』と呼び、平気で映画に誘う彼女たち、それでいて、すべてを割り勘で済ます合理性を尊ぶ彼女たち、そこには戦後の男女共学が、こうして若い世代の間で、自ら新しい男女交際のモラルを生み出して来るのに役立ったことを物語っている」――『日本の女子学生』講談社　1958年

1950年代から1960年代にかけて、女子学生はどのような結婚観、恋愛観を持っていたのだろうか。

1958年、昭和女子大助教授の白石浩一は「現代女子学生気質」を調査している。以下、『週刊サンケイ』（――1958年11月16日号）から引用しよう。対象となっているのは、お茶の水女子大、日本女子大、東京女子大、共立女子大、昭和女子大の5校3694人。

・**問い**「現在、恋愛感情を抱いている異性はいますか」

・**答え**「いない」（57・1％）、「いる」（20％）、「発展しそう」（12・2％）。ほか無回答。

質問が曖昧だが、「いない」「発展しそう」は恋人がいない、「いる」は恋人がいると強引に読み取っていいだろう。女子大ゆえキャンパスで男子と出会う機会がないからだろうが、少なすぎる。男子学生との合コン、合ハイ（合同ハイキング）はまだ一般的ではなかったと見ていい。

・**問い**「将来、結婚する際、相手の男性の純潔についてどう考えますか」

・**答え**「童貞であるほうがいい」１１７４人（3割以上が回答でもっとも多い）」

白石は女子学生からこう問われている。

「生涯でただひとりの夫となる人に処女を捧げるということは、何にも勝る宝を捧げられたものだと異性は考えるものですか」

すると、ほかの女子学生がこう口をはさんだ。

「そういう考え方は正しくないんじゃない、純潔を捧げるとか、そんな風に恩恵でも与えるように与えるものではないと思うわ。むしろ、人生の新たな門出の日まで純白であったことを喜び、感謝すべきではないかしら」

「男の人はお茶を飲みながら静かに語り合うとか、黙ってともに音楽に聴き入るとか愛情の精神的な交流に満足できないで、肩に手をかけたり、とかく女の肢体に触れたがるものではないか」

　ほかの女子学生がこう話した。

「私たちは愛し合っている。彼が苦しんでいると、わたしはたまらない気持ちがします。結婚したら交換に処女をという昔風の考え方よりも、真実の愛が霊肉一体なら、すべてを与える方が、かえって誠実ではないでしょうか」

〈2〉1960年代──女子大は「高等花嫁学校」

　安保闘争で幕開けた60年代である。

　女子学生の存在が大きくクローズアップされたのは、1960年6月15日、国会前で樺美智子が死亡したことだった（──88ページ）。

　安保闘争が終わり、キャンパスには女子学生が増え始めた。とくに文学部、薬学部は7～8割が女子というところがでてきた。女子大も次々と誕生している。1960年以降、藤女子大、甲南女子大、杉野学園女子大、跡見学園女子大、名古屋女子大、神戸海星女子学院大、女子栄養大など。

　当時、大学教員の多くは戦前、高等教育を経験した者ばかりで、自分なりの大学論、大学はかくあるべきという考え方を持っていた。

こうしたなか、女子大に対して冷ややかな見方がなされるようになった。1950年代後半から、毎年女子学生が2000人ずつ増えたことで、学生の質の低下を憂い、女子大を「花嫁学校」と決めつける論調が出てきている。東京大教授の中屋健一はこう切り捨てている。

「うろうろしていてもちゃんと卒業できるのが女子大だ。いくら頭の良い女性でも、こんな婦人専用車みたいな所にいては伸びるわけがない。だから女子学生には一を聞いて十を知るというところがない。簡単な百科事典や年鑑の見方も知らないのがザラにいる始末である。これでは大学の特色である自発的勉強法などとても及びもつかない。女子大は、理想はともかく現実には高等花嫁学校以外の何ものでもない」――『週刊朝日』1959年2月8日号

同誌では女子大について、評論家の大宅壮一が「婚期を逸する」「何の役にも立たない」「ちょっぴりハクがつくくらい」と、作家の三宅艶子が「男女の間違いを起こすのは女子大のほうが多い」とこき下ろしている。

こうした女子大無用論は、大学に対して最高学部、エリート機関という大いなる幻想を抱いてのことだろう。

明治学院大文学部2年の石神典子はこう話している。

「英文科での授業のこと、ピントはずれの解答をした女子に先生が、『早く見合いでもして結婚してしまいなさい。なんのためにここの大学へやってきたのです。英文学研究にこんな態度

で接しられてはハタが迷惑する！』一部の人を除けば女子の大部分が、よりよき花嫁の条件のために、あるいは、よき職場への肩書きのみを望み、真理の探究という気持ちはさらさらないのです」――『螢雪時代』1962年9月号

ICU、上智大の台頭

一方で、このころ、新たな女子学生層を誕生させた大学が注目されつつあった。

国際基督教大（ICU）、上智大である。

1953年開校のICUは日本にはないアメリカ型の大学として首都圏の進学校から注目されていた。上智大は意外なことに1957年まで女子禁制の男子校であり、翌年から女子を受け入れている。ICU、上智いずれも東京大、早慶合格レベルの成績優秀な女子が集まった。とくに上智大外国語学部（1957年設置）は1962年の旺文社模試の難易度ランキングで私立の文、外国語学部系でトップになっている。いずれの大学も外国人教員が多く外国語をマスターできる環境にあるというグローバル化が女子たちを魅了したようだ。

1964年、東京オリンピックではICU、上智大の女子学生が何人も通訳として活躍した。

1963年、国際基督教大に入学した長井鞠子はこう振り返っている

「会場で外国選手を案内したり、女子の競泳で選手の名前や国籍、記録などをアナウンスした

りするアルバイトをしていました。競技を観戦できた上、アルバイト代もよく大会の公式ユニホームも支給されていいことづくめでした」――読売新聞2017年2月16日

上智大外国語学部フランス語学科から女子学生15人が通訳を行っている。このうちの1人、岸川良子はオリンピック開催前の通訳合宿でこう話している。

「クラス全員が応募しました。学校での試験をパスしたとき、それこそ天にものぼる気持ちでした。だって、外国語を勉強するのは、なにか外国から学びとろうというつもりでしょ。外国人とオリンピックで話し合えるなんて、またとないチャンスです」――朝日新聞1964年6月14日

オリンピックの学生通訳講習会は、前年から上智大で行われている。1人用のブースにLL教材で外国人との会話を学ぶ、というスタイルだ。

上智大が1970年前後に入試難易度で「早慶上智」と括られるほど難関校になった1つの要因として、東京オリンピックは大きい。上智の女子学生の通訳ぶりが高校生にしっかり伝わったからだ。

東京オリンピックの翌年、1965年、鳥飼玖美子が上智大外国語学部に入学する。鳥飼は東洋英和女学院高等部時代にAFSで1年間アメリカに留学しており、上智入学時、英語はほぼ完璧だった。彼女は卒業後、アポロ11号の月面着陸の実況、大阪万博などの通訳を行っている。鳥飼は1971年、『こんにちわ鳥飼玖美子です』を刊行するなど、のちにメディアで

すっかり売れっ子となり、通訳、翻訳をめざす女子高校生にとって、上智はあこがれの大学となった。「鳥飼玖美子が上智の知名度を高めた」と話す上智大ＯＢＯＧは少なくない。女子学生が在学中に活躍したことで、大学が有名になったという点で、鳥飼の功績は大きい。

東京オリンピックの通訳はほかに東京大、東京外国語大、青山学院大、慶應義塾大、早稲田大など18校の学生が担っている。通訳以外の業務としてアルバイト、ボランティアではさまざまな大学の学生が関わっていた。


早稲田大の女子学生はこんな経験を話している。

「彼と肉体的に結ばれたのは、オリンピック選手村でアルバイトをしていたときだ。ある晩、彼は１人で泊まりに来た。紳士協定を守るならＯＫよと私たちは２人の境にフトンでバリケードを作って寝た。ところが夜中になると彼がバリケードの向こうから、ねえ、いいだろう？とか、よう、ちょっとだけとか求めてくる。私は彼の人間性に魅力を感じたから、交際していたのだ。バージンに執着はなかったから彼の要求に応えてやってもいいと、自分で納得した」

――『週刊プレイボーイ』１９６７年1月31日号
東京オリンピックでアルバイトをしていた早稲田大の女子学生の話から、すこし時計の針を戻して、１９６０年代初頭の女子学生の意識について記しておこう。

１９６１年、学習院大新聞が「現代女子学生――彼女たちは何を考えているか――」を調査した。『週刊現代』（――1961年4月9日号）が伝えている。
性的に純潔であるかについての問いかけにこう答えている。
「男性は女性と身体のつくりも心理もちがう。だから、純潔であることを求めない」（昭和女子大4年）
「よくわからないが、そんなの気にしません」
「男性は結婚前に純潔でいられるハズがない、というのは性格的にも欠陥のある男性が言うことではないかしら。愛する女性のために我慢してくれるのが当然だと思います」（同志社大2年）
1960年代、女子学生は結婚するまで純潔を求めていた、という見方があった。しかし、一方で、性に対する意識は少しずつ変わってきたようだ。

学生運動って楽しいなぁ

1960年代後半になると学生運動が激化し、女子学生も参加するようになる。それと軌を一にしてカウンターカルチャーがキャンパスに入りこみ、女子学生にも影響を与えていく。フリーセックスという言葉に関心を示すようになった。ミニスカート、ゴーゴー、サイケデリックが広まっていく。

ここからは男性週刊誌に取り上げられた女子学生の話だ。あきらかに男性記者目線である。描写がかなり扇情的だ。一方で、この時代、セックスをまじめに考えている様子もうかがえる。

法政大の大西祥子はミニスカート、ピンクの口紅とマニキュアでキャンパスを闊歩する。

「おとなの愛ってプラトニックを越えたものだと思うけど、それがすぐにフリーセックスに結びつくのはおかしいわよ。フリーセックスっていうのは、理性が負けそうなときに、いいわけとして生まれたことばじゃないかしら。わからないけど、セックスって一度経験すると、なんていうのかしら、習慣みたいなものでしょ。そういうの、いやなの。婚前交渉を全面的に否定できないけど、否定できないっていうのは矛盾なの。（略）ときどきディスカッションやるんです。とっても激しく。ディスカッションしているとき、楽しいから」――『平凡パンチ』1967年6月26日号

女子学生がさまざまなアルバイトに精を出すようになったのも、1960年代後半の特徴かもしれない。キャバレー、クラブ、バーなどの水商売で見かけるようになった。

早稲田大第一文学部の林潤子はバーにつとめている。客層は学生、サラリーマンなどおなじみが多いから、いやな思いはしないという。

「むりにキスをしようとする人もいないことはないんだけど、大切なお客さんを怒らしちゃいけないから、そこは適当にね。ただ、おさわりはいや。私は気が強いからひっぱたいちゃうこともある。肩組んだり手にさわるぐらいならいいけど、それも人によるわね。感じいいなと思

う人ならいいわ」

フリーセックスは性の解放を意味するが、メディアに対しても開放的な女子学生が登場するようになる。たとえば、週刊誌グラビアをかざる「女子学生ヌード」も、1960年代後半に登場している。もっとも得意としたのは、若者雑誌『プレイボーイ』『平凡パンチ』だった。

K女子大の安念むつこは自称、社青同解放派の活動家であり、1967年10月8日の羽田闘争に参加している。『プレイボーイ』の「美人女子学生の脱ぎっぷりと羞恥心」という記事でヌードを披露している。

「学生運動って楽しいなあ。ぶん殴られても蹴られても、すごく充実感があるから。1年のはじめごろは新宿のベビーグランドやビザールでGOGO踊ってたけど、いまはヘルメットかぶって暴れてるほうが楽しくなっちゃった」——『週刊プレイボーイ』1968年9月3日号
1969年、大学への進学率は15・4%。しかし女子の進学率は5・8%にすぎない。同年代からすれば女子学生はかなりのエリートである。「女は大学に行くべきでない。お嫁さんになりなさい」と旧態依然とした体質が残っている時代にあって親の理解を得て女子学生になったことは、恵まれているといっていい。しかし、大学は封鎖され授業は行われていない。まわりには遊んでいる女子学生がいる。たくさん勉強することが、女子学生の闘い方の1つであるとするなら、1960年代は苦難な時代だったと言える。

1950年代は、女子学生が少数派としてどう生きていくか模索の時期だったといえる。前

例がない。パイオニアである。どうやって生きていくのか、もがき苦しんでいる様子がうかがえる。１９６０年代に入ると、女子学生の数が少しずつ増えてきた。

しかし、女子学生が在籍するのは文学部が圧倒的に多かった。１９６７年のおもな大学の文学部の合格者女子比率（表7）、１９６８年の大阪大の学部別合格者の女子比率（表8）をまとめた。学校、保護者、友人などからの文学部圧力がかなり強かったのであろう。

まだまだ大学は男社会である。そのなかで、女子学生は自分なりに闘ってきた。大学で溌剌とできるように、そして、生きやすい社会を作ろうとして。やがて、１９７０年代に入る。女子学生がイッキに増える時代だが、さらなる闘いに身を投じなければならなかった。

・表7　おもな大学文学部の合格者女子比率（1968年）

	大学	%
1	立教大	81.2
	成蹊大	81.2
3	成城大	80.3
4	青山学院大	79.2
5	玉川大	64
6	関西学院大	63.2
7	神戸大	53
8	大阪大	51.9
9	上智大	51.8
10	慶応義塾大	49.8
11	東洋大	42.9
12	広島大	32.9
13	東京教育大	31.4
14	東京大文Ⅲ	26.2
15	京都大	20.4

出典：『螢雪時代』（1968年9月号）

・表8　大阪大合格率の男女比、合格者の女子比率（1968年）

学部	合格率（%）		合格者のうち女子比率（%）
	男	女	
文	13.3	28.8	51.9
法	18.7	31.1	8.6
経済	19.7	44.4	3.9
理	34	62.7	13.8
医	15	23.3	9.4
歯	24.5	42.9	14.3
薬	16.1	22	76.3
工	38.2	50	0.6
基礎工	23.6	60	1.4

出典：『螢雪時代』（1968年9月号）

第5章
女子学生の歴史②
(1970年代、事件は
キャンパスでも市街でも起こった)

1970年代、大学闘争が終焉しキャンパスは落ち着きを取り戻した。女子学生はさまざまなシーンに登場することになる。

この時代の女子学生の歴史で最初に紹介したいのは、いくつかの事件である。これらの事件は、メディアが、なかば興味本位の形で女子学生と紐づけて報じることで、「女子学生」という存在を広く知らしめることになった。本章では、メディアが作り上げた虚像もふくめて、女子学生が社会にどのようなインパクトを与えたかという観点から、いくつかの事件を取り上げたい。

1973年のことだった。

この年は女子学生にとって記念すべき年だった。

大学への女子進学率が10・6%となり、初めて2ケタに達したのである（表9）。ふり返ると、1964年に初めて5%を超えたものの1970年までは4%から6%のあいだを行ったり来たりして、なかなか増えなかった。1971年に8%を超え、そのまま1ポイントずつプラスとなり、73年に10%台に突入した。

18歳人口に占める女子学生の割合が高まった。これによって女子学生がより注目される存在になったことは確かだ。

他方、1973年は女子学生をめぐって、これまでにないようなスキャンダラスな事件が報じられた。メディアは「女子学生」という記号をことさら強調して取り上げていた。

・表9　4年制大学への進学率推移（1971〜1979年）

年	18歳人口（人）	男（%）	女（%）	計（%）
1971	1,846,787	30.3	8.0	19.4
1972	1,737,458	33.5	9.3	21.6
1973	1,667,064	35.6	10.6	23.4
1974	1,621,728	38.1	11.6	25.1
1975	1,561,360	41.0	12.7	27.2
1976	1,542,904	40.9	13.0	27.3
1977	1,623,574	39.6	12.6	26.4
1978	1,580,495	40.8	12.5	26.9
1979	1,563,868	39.3	12.2	26.1

出典はP119参照

70年代に入って以降、「女子学生」はある固定化されたイメージとともに語られるようになった。その「女子学生」の記号化が、大々的に行われるようになったのが、この年と言えるかもしれない。

ここでは興味本位で女子学生に関わる事件を蒸し返すという意図はない。事件によって、女子学生という存在がこの時代にどう受け止められていたかを知ってほしい、と考えたからである。

立教大大場助教授事件

1973年9月、静岡県伊豆半島南端の海岸で男女4人の遺体が見つかった。身元はすぐにわかった。立教大助教授の大場啓仁と妻、2人の子供であり、遺書を残しての一家心中だった。事件はこれだけでは済まなかった。大場は一家心中する前、大学院で教え子の女性S（24歳）を殺害していたのである。

ことの経緯について当時の報道からまとめてみた。

大場は女子学生と4年ほど交際していたが、その関係が大場の妻にばれてしまう。密会現場を踏み込まれたこともあった。やがて、女子学生は大場に妊娠を告げて結婚を求めるようになった。73年7月、大場はSを八王子市内の知人別荘に呼び出して殺害し、近くに埋めてしまう。大場はすぐに教え子の殺害を知人ににおわせて、アリバイ工作を頼んだ。やがて、このことは立教大の同僚教員の知ることとなる。同僚は大場に自首をすすめた。しかし、応じなかった。「やっちゃったもの、仕方がないじゃないか。残った者がどううまくやっていくか相談しよう」「自分のことをあれだけ愛してくれた彼女なのだから、あんな扱いをされても、彼女は本望だろう」などと身勝手なことを言うばかりだった。

大場は教え子を殺害したあと、家族と海水浴を楽しむなど、自首する気配はまったく見せなかった。また、隠蔽工作を行っている。彼女が通っていた翻訳専門学校を訪ねて、「教え子が自分の責任で行方不明になり困っている。クラスメートの住所を教えてほしい」と、心配している様子を見せた。また、新聞には、「Sさん、連絡を待つ　父病気、ひろよし」という三行広告まで出している。同僚教員の説得に、「絶対にわからない場所に埋めたから。大丈夫だ」と言うばかりだった。教員は警察に通報していない。

8月下旬になって、大場はついに自首を決心した。大学に辞表を郵送し、同僚が大場の妻と子供を自宅にかくまうという、マスコミ対策をとろうとした。

しかし、9月に入って、大場は家族を連れて行方不明となる。同僚が大場の自宅を訪ねたとき、多くの家財道具は処分されたあとだった。まもなく同僚に大場から遺書が届く。同僚は地元警察署、警視庁に大場が教え子を殺害した可能性と一家の失踪を伝えた。その翌日に、伊豆で大場とその家族の遺体が発見された。

この事件によって、立教大の評判は地に堕ちたのかといえば、そんなことはない。キャンパスはいつもと変わらなかった。女子受験生が減少する、大場が教えていた文学部の難易度が下がる、ということもなかった。

青山学院大春木教授事件

1973年には女子学生に関わる、もう1つ大きな事件が起こっている。立教大同様、教員と教え子のあいだで起こった事件で、この時代にあって、「スキャンダル」という言い方がピッタリの話だった。

青山学院大春木教授事件である。

1973年2月、青山学院大の女子学生4年生N（24歳）は、文学部英文学科教授の春木猛

（63歳）に研究室で3回にわたって強姦されたと渋谷警察署に訴えた（2月11日に2回、13日に1回）。まもなく春木は強制わいせつ、強姦致傷で逮捕される。女子学生の証言などによれば、春木は「卒業試験の採点を手伝ってほしい」と教え子に声をかけ自分の研究室で乱暴する。一度は謝ったものの、その翌々日に、今度は「卒業後は学校に残って研究を手伝ってほしい」ともちかけられ、再び強姦したというものだ。女子学生は全治1週間のけがを負ったという。

これに対して、春木はえん罪を主張する。教え子との性行為を認めたが、強姦ではない、合意による性交で和姦であると弁明し、警察の取り調べではこう主張した。「彼女から私に近づいてきた。誘惑されたのである」「私は糖尿病なので、正常な性能力を持っておらず性交には至っていない。従って、容疑のように処女膜が破れることはない」「あくまでも合意の上の性交であり、私は陰謀に巻き込まれた」

なお、いまならば、たとえ合意であったとしても、研究室で教授と教え子の女子学生が性関係を持ったならば、「不適切な関係」として処分の対象になる。当時は、そのことはほとんど問われなかった。

1974年3月、東京地裁は春木に懲役3年の実刑判決を下した。すぐに春木は控訴したが、東京高裁でも東京地裁の判決が支持される。

1978年7月、最高裁でも上告が棄却され、春木の懲役3年の実刑判決が確定、服役した。1994年、春木は病死する。えん罪の訴えはかなえられなかった。

この事件はいまでも謎が多いと言われている。たとえば、2月11日に強姦された後、春木と女子学生はレストランで食事をした、14日のバレンタインデーにはチョコレートと手書きのカードを春木の研究室に持っていった。また、15日、早坂太吉（バブル期の「地上げの帝王」）が春木の研究室を訪問し、強姦の事実を認めるよう要求している。早坂は女子学生の父親が会長を務める「モガミ総業」の社長という間柄だった。そして、17日には、女子学生側が「慰謝料1000万円の支払いと大学辞職」という条件を春木に求めている――と報じられたからだ。

こうした経過もあって、春木は教え子の女子学生による陰謀説を唱えた。春木が青山学院大の学長有力候補だったこともあり、彼と対立する教授が仕掛けた罠だったのではないかなど、女子学生が大学卒業後に青学ＯＢで反春木派の自民党政治家の秘書になったことから、さまざまな憶測が流れたが、噂の域を出なかった。

春木が唱える陰謀説に立ったメディアは少なくなかった。とくに事件発生からもっとも詳細に報じた『サンデー毎日』では、この事件をモデルにして、石川達三が小説『七人の敵が居た』を書いている。1983年、ＮＨＫはこれをドラマ化して、女子学生役を樋口可南子が演じていた。

なお、当時、『サンデー毎日』記者だった早瀬圭一は、事件から45年経った2018年、『老いぼれ記者魂－青山学院春木教授事件四十五年目の結末』（――幻戯書房）を上梓している。同書で、早瀬はＮによる陰謀論を唱えている。女子学生が大学の国際部に勤めたい一心で春木に近づいたのではないかという筋を立てた。早瀬は、彼女の居場所を高校の同窓会名簿などから調べ上げて突き止める。執念としか言いようがない。そして、Nは電話で取材を敢行する。彼女は「答える必要はありません」「記憶にありません」と答えるだけだった。女子学生は45年前のままだった。

春木教授事件によって、青山学院大の志願者数を減らしたりはしていない。女子高生にとっては上智大、立教大と同様、憧れのミッションスクールのままで、ブランド力は下がらなかった。この3大学の頭文字をとって「JAR」と受験雑誌で書かれたのもこの頃である。とくに青山学院大は渋谷、青山というおしゃれな街にあるというロケーションから地方出身者の女子からも大学人気が高かった。

警察官女子学生殺人事件

次のケースは、当時、警察史上、最大の不祥事と言われており、警察幹部のクビがとんでしまった。

1978年1月、東京都世田谷区のアパートで、清泉女子大4年生K（当時22歳）が殺害された。彼女は窓際のベッドの下にうずくまるように倒れており、死因はストッキングによる絞殺だった。また、部屋は物色されていた。管轄の警視庁北沢警察署はすぐに特別捜査本部を立ちあげる。事件の第一発見者は北沢署経堂駅前派出所に勤務する巡査（20歳）だった。現場近くをパトロール中、ガラスの割れる音を聞いてアパートに駆けつけたところ、女子学生の遺体を発見したと証言する。のちにこの巡査も捜査に加わった。

北沢署はこの巡査の説明を聞いたが、警察無線ではなく第三者に１１０番させたり、発見の時間がずれたりなど、証言がいくつかおかしいことに気付く。話の内容も二転三転する。刑事は不審を抱き巡査を追及したが、はじめは犯行を否定した。だが、巡査の顔にひっかき傷が残っていることを指摘されると殺害を認め始めた。まもなく決定的な証拠がいくつも出てくる。巡査のはいていたパンツから女子学生の血液が検出されたなどだ。

この事件によって、国家公安委員会と警視庁は上司の監督責任を問い、警視総監・土田國保を減給処分とし、他に警視庁幹部３人も処分した。土田は警視総監を辞任した。北沢警察署署長も職を辞した。巡査は死刑を求刑されたが、東京地裁で無期懲役の判決を受け、東京高裁で控訴が棄却され、刑が確定する。東京都は国家賠償法に基づき、女子学生の遺族に４３６０万円余りの損害賠償金を支払った。

もう１つ、女子学生の事件を紹介しよう。１９８０年代に入って早々のできごとである。

１９８０年12月、愛知県名古屋市内で金城学院大学の女子学生が誘拐、殺害された。犯人は、直前にテレビ放映で観た映画『天国と地獄』をヒントに誘拐計画を立てている。誘拐直後に殺害し、遺体はビニルシートでくるみ木曽川へ捨てたあと、女性の家族に電話で３０００万円の身代金を要求する。しかし犯人は身代金を受け取りに来なかった。当初、報道管制が敷かれていたが、事件に新しい動きは見られず、3週間後、公開捜査に踏み切ったところ、電話の声によく似ている男がいるという通報があり、犯人を特定することができた。

女子学生寮と「同棲」流行

世田谷、名古屋の事件はいずれもミッション系大学で起こっており、保護者は女子学生の娘を案じた。女子学生に限らないが、若い女性が防犯ブザーを持つようになるのもこの頃からである。また、女子学生専用の学生寮、学生会館に万全なセキュリティ対策が施されるようになったのも、1970年代半ばに入ってからだ。

なかでも、地方出身の女子学生の保護者に人気があったのが東郷女子学生会館（渋谷区神宮前）である。原宿にあり、セキュリティが厳しく、学生会館としてブランド力があった。東郷神社に隣接する8階建てのビルで、入口事務所には大きな透明のパネルがあり、そこには寮生の名札が掛けられている。寮生が外出か在室かすぐにわかる仕組みだ。寮生が部屋へ行くには警備員の机の脇を通らなければならない。門限は午後10時で、遅れる場合には、寮母に電話連絡が必要だった。外泊する場合は、大学のゼミや部活動の合宿であれば、教授や部長からの宿泊証明書を判子付きで提出しなければならない。親戚の家に泊まるときも、「宿泊証明書」が求められる。男性の訪問者は家族でもロビーにしか入れなかった。無断外泊となれば、保護者に連絡がいく。飲食店などのアルバイトは禁止だ。1974年の時点で、家賃は1人部屋で月4万9000円、保証金70万円。2人部屋では月2万8000円、保証金35万円かかった。学生会館館長の江上フジがこう話している。

「外泊したという連絡がいくと親は翌日、飛行機で飛んできますよ。やはりそのくらい気にかけていただきたい。きびしいけれどもそれが当然でしょう。この近所の大きな中華料理店のレジのアルバイトをしていた子がいたんですが、それもすぐにやめさせました」――『サンデー毎日』1974年12月15日号

地方の保護者にすれば娘を都会の大学に送り出すことにたいへんな抵抗を感じる。大学選びで憧れの東京の大学へ行きたいと言い出しても、反対する保護者が多かったはずだ。「箱入り娘」と言われようと、わが娘を「傷物」にされたくない、という思いだ。

このころ、女子学生を持つ親にとっては、とんでもない漫画が人気を博しており、それが流行語にもなっていた。『同棲時代』である。上村一夫原作で『漫画アクション』（――1972年3月2日号～1973年11月8日号）に連載されていた。美術系の専門学校に通うヒロインが男性と一緒に生活する話だが、キャンパスでも「同棲」ということばがよく使われるようになった。親からすれば、娘が結婚もしていないのに男と暮らすのは許しがたい話だった。

当時、女性週刊誌『女性自身』『女性セブン』『週刊女性』や、男性週刊誌『プレイボーイ』

『平凡パンチ』などに同棲生活のレポートが盛んに載るようになった。まるで同棲が最先端のファッションのような感覚で語られることもあった。

大人たちは眉をひそめた。親は「同棲」ということばの響きにいやらしさを感じ取ってしまい、わが娘が男子学生と一緒に暮らしていることがわかれば、「傷物」にされたと受け止めて、怒って娘を連れ戻す、という話はいくらでもあった。

しかし、愛し合っている男女学生にすれば、絶対に別れることはできない。キャンパスでは、学生結婚、妊娠、出産するという女子学生が現れた。中絶するというケースも見られた。ミッション系大学では学生結婚した女性を学則、教育の理念に反するとして退学にしたケースがある。学生結婚あるいは同棲して女子学生が妊娠、出産するとなれば、当然、大学への出席はままならない。女子が退学するということが多かった。休学して、出産、育児が一段落してから復学するというケースは、1970年代、ほとんど見られなかった。

「性的ランキング」の登場

1970年代、まだストーカーということばがなかった。しかし、気に入った女性のあとをついていく、ラブレターや花束を送り届ける、強引に家まで押しかける、など、男子学生が女子学生にまとわりつくケースは少なからず見られた。

当時、男性週刊誌には、女子学生へのナンパを指南するような記事がけっこう多く載っていた。「こうすれば女子大生を落とせる」「いっきにセックスまで持ち込める」「夏休みが狙い目、女子大生は処女を失うことを待っている」などの扇情的な内容を真に受けて、ストーカーまがいの行動に出るわけだ。

当時の男性週刊誌がナンパの際「ハードルが高い」と書く大学があった。

①　国立大学や津田塾、日本女子大、東京女子大といった難易度が高い大学

②　聖心女子大、白百合女子大、清泉女子大、神戸女学院大のようなミッション系女子大

男子学生にすれば、「どうせ俺たちのことをバカにして相手にしないだろう」「上流階級でお高くとまって付き合うのにお金がかかりそう」などと勝手な見方で、女子学生を大学で見分ける風潮が、1970年代から見られた。それをわかりやすく示したのが、合コン、合ハイ（合同コンパ、ハイキング）相手である（表10）。東京大は聖心女子大や白百合女子大、早稲田大は日本女子大、慶應義塾大は聖心女子大、一橋大は津田塾大などの組み合わせが語られる。ハタから見ると、このカップリングは難易度が高い大学とその近場の女子大で成立しているようにしか思えない。大学のブランド力になびく女子学生、という構図が見られると言われてしまう。

・表10　女子大と交流がある大学（1976年、週刊誌掲載による）

		夫婦きどりのおつき合い	ごく普通のおつき合い	気分が向いたらのおつき合い
〈首都圏における実情〉	お茶の水女子大		東京大	
	津田塾大	一橋大	東京大	慶應義塾大
	日本女子大	早稲田大	東京大	慶應義塾大
	東京女子大		東京大、一橋大、早稲田大	慶應義塾大、日本大理工学部
	聖心女子大		東京大、慶應義塾大、国際基督教大	早稲田大、日本大芸術学部
	白百合女子大		東京大、慶應義塾大	早稲田大、法政大、日本医科大
	フェリス女学院大		東京大、慶應義塾大	防衛大学校
〈近畿圏における実情〉	奈良女子大	京都大	大阪大	
	京都女子大	京都大		同志社大
	ノートルダム女子大＊		京都大、同志社大	
	神戸女学院大		京都大、大阪大、神戸大	関西大、関西学院大、甲南大
	甲南女子大		神戸大、関西学院大、甲南大	

出典：『週刊朝日』（1976年4月30日号）掲載の「合ハイ合コン指定校相関図」のチャートを図表化。「夫婦きどりのおつき合い」「首都圏における実情」などの表記は出典のまま。＊は現在、京都ノートルダム女子大

津田塾大と聖心女子大

１９７０年代、女子学生は通っている大学のカラーによって他者から規定される。その度合いがますます強まったと言える。

A大学は難関だから、B大学はお嬢さまが多いから、という理由で女子学生を考察するのはあまりにも通俗的である。メディアから垂れ流された風評に基づいて大学のイメージ、女子学生像を語ることは合理性に著しく欠ける。それにあてはまらない女子学生は必ずいるのだから。それでも、ここであえて大学別のイメージを考えてみる。風評やイメージを大学にあてはめ、消費する社会の側の欲望や願望を示すことがあるからだ。また、ときに、女子学生自身がその願望に自らをあてはめていくこともある。ただし、繰り返すが、大学、女子学生の実態を反映するわけではない。

ここでは津田塾大と聖心女子大を例にあげる。

津田塾大は地方の優秀な女子が集まってキャリア志向が強い、聖心女子大は首都圏の社長令嬢のお嬢さまが多くエリートに嫁いでいく——これが、１９７０年代に流布された大学イメージである。いまも継承されているのだろうか。

女子学生から見た大学の特徴を考えてみよう。

1974年の津田塾大と聖心女子大の合格者高校のランキングを見てみる（表11）。とてもわかりやすい。

津田塾は高松、岐阜、鶴丸、岡山朝日、旭丘、静岡など、地方の旧制一中を前身とする公立高校トップがズラリと並ぶ。

鶴丸高校出身の津田塾大OGがこう話す。

「わたしを含めて牛乳びんの底のようなメガネをかけたガリ勉タイプが多かった。高校時代は恋愛もせずひたすら勉強してトップをめざす。ほんとうはお茶の水女子大とか東京外国語大とかに行きたかったけど、落っこちて津田に来た子も多く、秀才ゆえのコンプレックスを抱いていた。入学式はみんな地味だったなあ。でも、夏場をすぎると一橋大の男の子と仲良くなって、すこしずつあか抜けしていく。同棲するようなはじけた子もいました」

津田塾大を第1志望とする学生はいたが、やはり、本命はお茶の水女子大というパターンが多かった。第2志望は東京女子大、日本女子大。そして昭和女子大、大妻女子大と続く。まず女子大ありきである。地方出身の女子学生は共学の大学だと悪い男の子に捕まってあぶない、という親の発想があった。1人暮らしをさせてはいけない。門限の厳しい寮に入れることが、都会の大学に進む大前提となった。

一橋大は津田塾大に近い。ただそれだけの理由でサークル同士の結びつきで合コンがよく行われた。

・表11　津田塾大、聖心女子大の合格者数出身高校ランキング（1974年）

津田塾大

高校	都道府県	人
高松	香川	28
岐阜	岐阜	25
富士	東京	21
駒場	東京	20
東京学芸大学附属	東京	18
浦和第一女子	埼玉	18
鶴丸	鹿児島	17
沼津東	静岡	16
お茶の水女子大学附属	東京	15
岡山朝日	岡山	15
旭丘	愛知	14
ノートルダム清心女子	広島	14
富山中部	富山	14
静岡	静岡	13
明和	愛知	13

聖心女子大

高校	都道府県	人
雙葉	東京	22
田園調布雙葉	東京	20
横浜雙葉	神奈川	15
湘南白百合	神奈川	13
光塩女子学院	東京	10
東洋英和女学院	東京	8
静岡雙葉	静岡	8
女子学院	東京	5
桐朋女子	東京	4
桜蔭	東京	4
東京女学館	東京	4
白百合学園	東京	4
新宿	東京	4
城東	徳島	4
福岡女学院	福岡	4

出典：『サンデー毎日』（1974年3月24日号）

津田塾大の学生気質について、とにかくまじめに勉強する、という見方が多くなされている。堅実な将来像を描き、研究者、公務員志向が強い。1980年代半ばの男女雇用機会均等法以降、商社、銀行、マスコミなどにも多く進出したが、あまり派手な振る舞いは見せない。マスコミはNHKが圧倒的に多い。起業というイメージはそれほど示されない。したがって、ハーバード大でMBAを取得してディー・エヌ・エーを創業した南場智子はきわめて例外といえよう。大学創設者、津田梅子の教えにしたがってまじめにこつこつ英語の勉強をする。その結果、英語を生かせるような、戸田奈津子のような字幕翻訳家にあこがれる。そんな女子学生が多かったようだ。

卒業生の結婚の時期について、こんな記事が書かれていた。

「聖心売り切れ、東女は2年　津田へ行くなら5年待て　卒業してから」(——『サンデー毎日』1979年3月18日号)。現在であれば、人の結婚時期に口を出すなど、セクハラ以外のなにものでもない。同誌の記事はこんな露骨な物言いで始まる。

「『卒業のときに婚約が決まっているのは全体の3分の1、早い方だと二年生ぐらいのとき』というのは跡見女子大。どうしても就職という人はいないので、就職といってもほとんどが知りあいの紹介でというケースが多いという。で、『卒業して一、二年、ちょっと腰掛け程度にお仕事をやって二十五歳までにほとんど結婚してしまう』(跡見女子大OB)。結婚の早さで行くと、筆頭にくるのが、まず、この跡見、次いで共立、大妻、昭和、実践などの〝良妻賢母養成型〟女子大が顔を出す」

２０１９年、『週刊SPA!』の記事「ヤレる女子大学生ＲＡＮＫＩＮＧ」が大問題となり、同誌編集部は謝罪することになった。女子学生の気質、性格、結婚観について、いくつかのケースだけでまっとうなデータに基づかないで、特定の大学を「売り切れ」「5年待て」と決めつけるのは、『SPA!』の感性、方法論とたいして変わらない。結婚かセックスかの違いだろう。

同記事では、ごていねいに津田塾大ＯＧを妻に持つ慶應義塾大ＯＢにこう語らせている。

「ぼくは津田の人が結婚が遅いっていうのはよくわかるなあ、ほら、創設者の津田梅子が独身だったでしょう。学内にも一生独身で通す先生もいっぱいいるし、津田には独身主義みたいなイデオロギーがあるんじゃないの。四年間、どうやってイイ男を見つけようかって考えてる女性と、卒業してても自由にやって、それからでも結婚は遅くない、と思ってるのとでは、結婚するんでも数年は差が出るはずだ」

風評というのはこんなところが火元なのだろう。

なぜ、津田塾大が取り上げられるのか。今よりも大学にブランド力があったからだ。

津田塾大は難易度でいえば、お茶の水女子大にはかなわないが、自他ともに日本でもっとも難しい私立名門女子大として認めるところだ。今日にあってもその地位は揺るがない。ただし、１９８０年代前半まで、早慶合格でも津田を選ぶ受験生がいたが、いまは女子大離れもあってか、ほとんどいない。

2010年代、津田塾大に受かっても併願校の明治大、立教大、青山学院大を選ぶ受験生がおり、この点、津田OGは大きな衝撃を受けている。津田のブランドは保たれるのかという不安が日に日に強まっている。そんななか津田梅子の肖像が新五千円札に採用されたことは、津田塾大にとっても久々に明るい話題だった。

さて、「聖心売り切れ」と、津田塾大とは対極にあるポジションと言わんばかりに書かれた聖心女子大。昭和の時代、ベールに包まれた感があった「お嬢さま」大学として名をはせていた。

聖心女子大は、1980年代までは女子大のなかで難関大学として知られていた。東京女子大、日本女子大と比べても遜色はない。たとえば、旺文社模試をひっくり返すと、1960年の難易度（当時、偏差値ではなく合格者最低点）は上智大、青山学院大、立教大より高い。1970年代前半まで、入試科目が英語、国語、数学、理科、社会の主要5科目が必須となっていたこともあり、どの教科も万遍なくできなければ合格はおぼつかなかった。1974年の難易度（偏差値）は57・2で法政大、成蹊大、中央大よりも高い。

聖心女子大の場合、難易度では計れないような際立った特徴を見せていた。それは、合格者の出身高校から十分にうかがい知れる。1970年代の出身高校別合格者の上位校は雙葉、田園調布雙葉、横浜雙葉、静岡雙葉がしっかり揃っている。東洋英和女学院、東京女学館、湘南白百合と、むかし風な言い方をすれば、上流階級の頭の良いお嬢さまが聖心女子大に集まってきたということになる。その最大の象徴となっていたのが上皇后美智子であろう。

１９５３年、正田美智子は聖心女子大文学部に入学する。57年、成績トップで卒業し卒業式では総代として答辞を読んでいる。59年、皇太子明仁と結婚する。89年に皇后となり、２０１９年天皇退位とともに上皇后となった。

美智子が皇族になった当初、聖心女子大はクローズアップされ、週刊誌にも取り上げられている。上流階級出身が多く、聖心の出身者は大蔵省官僚夫人、外交官夫人になるケースが多いと書かれた。同大学講師がこんな大学評を残している。

「ともかく聖心の学生ほど淑やかで、善意の人の多い学校はない。ドアには当番がいてわれわれが行くと開けてくれるし、黒板が一杯になれば、傍から消してくれる。ことば使いは正確で丁重。これ以上に礼儀正しいところはないのではないか」――『週刊サンケイ』１９５８年12月14日号
当時の聖心女子大は校則が非常に厳しかった。遅刻、早退は許されない、授業、トイレで話し合ってはいけない、制服が定められており登下校に着用が義務づけられる、などだ。

美智子の登場で、聖心女子大の学生は知性がある、礼儀正しい、お金持ちのお嬢さま、という実像やらイメージやらがすっかり定着した。

その勢いは１９７０年代になっても衰えることはなかった。

週刊誌にはこんな見出しが躍る。「６万円のプレミアムがついた聖心女子大卒業アルバム」

（――『週刊サンケイ』１９７７年3月24日号）、「聖心女子大の卒業アルバムに毎年、この季節、3万円のプレミアムがつく」（――『週刊文春』１９７５年11月6日号）。

聖心女子大は数多くの伝説を残してきた。同大学の教授が教え子についてこう話す。

「ある学生に聞いたんですけど、クラスの友だちのお宅にうかがったら、赤坂の広い敷地のなかにお屋敷が二つもあるというんです。日本家屋と洋館に分かれていて、日本家屋にはご両親、洋館には二人のお兄さまとその方が住んでいて、車もベンツなどご兄弟だけで五台もってらっしゃったようです」――『週刊文春』１９７５年11月6日号

同大学の新入生の話。

「飼っているワンちゃんの吠え方も上品っていう感じなの。香水がふんだんに振り掛けられてあって。おうちの立派さにも驚いたけど、家具や調度品がすばらしいのね。藤田嗣治やビュッフェの絵って美術館にあるものだと思っていたけど、普通のおたくにもあるものなのねえ」

――同上

3万円だの、6万円だのといわれるプレミアム卒業アルバムについて、その効用を説いていたのが、聖心女子大教授の島田一男だった。こんな談話を寄せている。

「日本には事実上の恋愛結婚というのが、ないですからね。同じような階級、階層が見合いして、よければ結婚する、というわけでしょう。聖心は、比較的条件が備わっているということでしょうか、普通の大学より何割か裕福な家庭が多いということでしょうか」――『週刊サンケ

イ』1977年3月24日号

恋愛結婚がないという認識も浮き世離れしているが、自ら認める「裕福な家庭」と「同じような階級、階層が見合い」するために卒業アルバムがあると認めてしまっているところが無邪気というべきか。

なお、1960年代半ばにはすでに恋愛結婚が見合い結婚を上回った、それ以降は「階層内同類婚」の傾向が強くなっている。これは社会学のあいだでは常識とされた見方である。

聖心女子大がサークル単位で他大学と付き合う場合、東京大、慶應義塾大が多い。それは1960年代から2010年代まで変わっていない。

「良妻賢母」の自縄自縛

聖心女子大の次に結婚が早いとされたのは「跡見、次いで共立、大妻、昭和、実践などの〝良妻賢母養成型〟女子大」だ。

キーワードは良妻賢母である。

このうちの1つ、昭和女子大について、理事長の坂東眞理子がこう語っている。

「特に印象的だったのは、学生も教職員も非常に控えめな人が多かったこと。伝統的に『良妻賢母』教育に力を入れてきた大学でしたから、服装などの規律も厳しく、とにかく謙虚であることが美徳とされていたのでしょう。あいさつを交わしても、声が小さい。自分の意見もはっきりと言わない」——日経電子版『NIKKEI STYLE』2019年4月25日

「良妻賢母の色彩の強い大学に、〝女性は、もっと社会で活躍すべき〟と主張する私のようなものを受け入れてくれましたから」——日本私立大学協会2014年

ところが、昭和女子大の教育理念には良妻賢母という言葉は見当たらない。いや、ほかの女子大も良妻賢母を掲げるところはない。

1950年代、昭和女子大はこんな広告を出している。

「本学は女性の特性に鑑みて日本文学及び英米文学、被服美学及び生活科学の四科、短大にも同系四科に教育科を備えて女子大学としての真面目さを発揮」——『螢雪時代　臨時増刊　大学受験年鑑』旺文社　1959年1月

これはほかの女子大にも言えることで、半世紀以上前から、良妻賢母よりは職業婦人、キャリアウーマンの育成を掲げるところが多く見られる。

1954年、前記の女子大ではこんな理念や特徴を掲げている（——『全国大学大観』旺文社・跡見学園女子大は1965年開学）。

- **大妻女子大**＝女子に高等の学術技芸を教授し有能な指導的女子の育成を目的とする
- **共立女子大**＝本学は女子として社会に有用な人物を養成せんとする目的をもって明治39年

に女子職業学校として創立

・**実践女子大**＝時代に適応した風格ある女性の育成をめざしてきた

しかし、残念ながら、大学の教育方針は世間にはなかなか伝わらなかったようだ。当時の女子大は校則が厳しく、どこも家政学部があり、「家庭に入って料理や裁縫という技能を生かす」というイメージがすり込まれていたからだろう。それが当事者の女子学生に伝播してしまう。もっと言えば、女子高生が大学選びのときに「将来、良い奥さん、良いお母さんになるため」には、「良妻賢母育成」と言われる女子大で勉強すればいいという考え方が植えつけられてしまう。

一部の女子大については学内、学外からのこうした見方が確立してしまい、花嫁修業的に位置付けられ、良妻賢母を育成する大学というイメージがついてまわってしまうわけだ。

女子大から良妻賢母イメージが薄れるのは平成に入ってからだろうか。１９８０年代から１９９０年代にかけて男女雇用機会均等法の施行、男女共同参画社会に向けた社会構造の変化(鉄道やバスの運転手などこれまで女性に閉ざされた分野に女性が進出)により社会での活躍を優先するという気運が高まった。

ファッション誌の中の女子学生

どんなに「お嬢さま」大学といわれても、女子学生は家とキャンパスを往復するだけの「箱入り娘」のような生活をするわけではない。

1970年代、旅行やファッションに興ずることを楽しむ女子学生が増えた。1人、あるいは友だちと国内の観光地を巡る。宿泊はユースホステル、民宿などだ。たとえば、北海道を道内自由にまわれる周遊券を手に1週間、鉄道を乗り継いで旅をする。大きなリュックを背負う女子学生はカニ族と呼ばれていた。田舎の自然に触れたい、自宅や大学以外の非日常的な空間を満喫したい、あるいは自分探しをしたいといった理由で、旅に出かける女子学生が多かった。

これはメディアによる影響も大きい。

1970年に『an・an』（――平凡出版 現・マガジンハウス）、1971年には『non-no』（――集英社）が創刊された。いずれもファッション、グルメ、旅などを美しいカラーグラビアで紹介し、女子学生の心を掴んだ。1970年代前半になると、両誌は国内の観光地を特集するようになった。彼女たちはカニ族からアンノン族と呼ばれるようになり、小樽、軽井沢、清里、飛騨高山、輪島、金沢、中山道の妻籠宿、京都、嵯峨野、倉敷、萩と津和野などに出没するようになった。

１９７０年代半ばになると、女子学生におしゃれのセンスももっと磨こうといわんばかりのファッション誌が登場する。１９７５年創刊の『JJ』である。１９７６年6月号にはさっそく女子学生の読者モデルが登場する。特集は「甲南女子大学VS成蹊大学」とある。

甲南女子大についてこう記されている。

「学生たちの服装はワンピース派、シャツスタイル派など様々で、なによりもその色の華やかな、カラフルなファッションは、とても関東では見かけられない様子です。また小物の採り入れ方も早く、今ではグッチ・セリーヌからエレガンスなものへと変わっています」

シャルル・ジョルダンのヒール、ディオールやサンローランのスカーフなどがお気に入りだ。一方で、「結婚は絶対見合いにします。そのためというわけではありませんが、週１回ずつの茶道と華道はわたしの大切な時間です」と話すのは、4年生読者モデルだ。

成蹊大はこんな描かれ方だ。

「紺などの地味な色をベースにした人が多く、ワンピース、スーツというよりスカートプラスシャツといったふうに、組み合わせが普通です。コーディネートのための小物も。良いものを数少なく、最大限に利用する上手な着方の人が目立ちました」

セリーヌ、エルメスなどのスカーフを好む、シャツは伊勢丹のマミーナ、バッグは横浜のキタムラ、靴はミハマで購入する。まだ、ヴィトン、シャネルが登場しない。

「父は船乗りで、たまにしか会えないせいか服装に厳しいんです。長いスカートなんか絶対だめです」と2年生読者モデルに言わせている。

おしゃれに夢中になっても「見合い結婚」、長いスカートを好まない「父は船乗り」という、やや浮き世離れした舞台設定は、かえって女子学生を魅了するのかもしれない。

女子学生が雑誌に登場するようになったのは1960年代からである。当時は、あくまでも大学生という観点であり、勉強、就職、学生運動に関わる話として取り上げられていた。ごくまれにファッションをテーマに掲載されることはあった。

男性誌の中の女子学生

1970年代、『an・an』『non-no』『JJ』などでは旅行やおしゃれで女子学生がグラビアを賑わすようになったが、一般週刊誌、男性週刊誌にも女子学生が次々と登場するようになった。それもヌード、水着姿の「お披露目」である。

『週刊サンケイ』(——1971年9月6日号)では「女子大生　真夏のフレッシュヌード」というタイトルで早稲田大、大妻女子大、実践女子大、東京家政大の学生が登場する。東京家政大の学生が「良妻賢母と人のいう　ああ我れひとり　刃向かいて　東大解体のあと　凝固する女子大生意識」と話す。時代と向き合ってきた感が表れている。

『週刊サンケイ』(——1971年10月15日号)は、1カ月後に「女子大生フレッシュヌード秋の詩」を掲載した。前回の特集がよほど評判が良かったのだろうか、早稲田大、法政大、共立女子大の学生が登場している。早稲田大の学生が「ワグナーの音楽、トリスタンとイゾルデのように……愛のために死ぬことができるなら、わたしは喜んでこの体を捧げよう」と話す。

『週刊現代』（――1973年7月19日号）の特集は「この大学でみつけた凄いチャーミングな彼女」。早稲田大、慶應義塾大、津田塾大など5人の学生が登場する。唯一水着姿の日本大生は「旅行にも出かけたくて。今年は北陸にしようかな。となると旅行資金獲得のためにもっとアルバイトに精を出さなくては、ああ、体がいくつあっても足りないわ」。

1970年代、女子学生はどんどんキャンパスの外に出た。「体がいくつあっても足りない」ほど。大学、家庭から解放されることによって、生きること、そして闘う場をさまざまなところに求めた。同時に男性の側、社会の側からの「型にはめる」圧力はつねに掛かり続けていた。「女子大生フレッシュヌード」は、この自己実現と圧力という二つが同時に、当時としてもっとも極端な形で現れたもの、と言えるかもしれない。

一方、1970年代後半にはこんなことが起こっている。女子学生がジーパン姿で授業を受けようとしたところ、一大学教員から圧力を受けてしまう。女性を衣類で型にはめようとする考え方を強いられてしまった。当然、衝突してしまう。

1977年、大阪大の「ジーパン論争」である。同大文学部でアメリカ人非常勤講師がジーパンをはいた女子学生に「出て行きなさい」と言って教室から追い出してしまった。アメリカ人非常勤講師は「ジーパンはレディにふさわしくない」「レディは繊細で、確かさと落ち着きがなければならない」と持論を展開するのに対して、ジーパン着用に女子学生は「男がはいてよいものを、女がはいてなぜいけないのか。女性差別だ」と反発した（——談話はいずれも朝日新聞1977年5月30日）。このできごとの第一報を伝えた記事（——朝日新聞5月25日）に対する読者からの反応は熱かった。アメリカ人非常勤講師支持が圧倒的に多かったと同紙は伝える。だが、女子学生にジーパンを禁じて講義を受けさせないというのは、女性差別であるとともに学ぶ権利を奪う、理不尽な教育上の判断である。1970年代になっても、まだこのような論争が起こっていたとは信じ難い。

それでも女子学生は自分を表現する場を貪欲に求めようとした。これに対して、メディアは手ぐすね引いて待っていた。女子学生を「女子大生」という商品に仕立てて、そこに新しい価値を見いだし金儲けしようとした。女子学生は消費されることを知りつつ、それを逆手にとって、自分の大きな武器になりはしないかと考える。闘うために。

第6章

女子学生の歴史③

（1980年代、90年代「女子大生ブーム」の光と影）

女子学生というより、「女子大生」ということばが消費されていく。

１９８０年代はそんな時代の始まりだったと言えよう。女子学生の四年制大学進学率は12％台を低迷するが、90年代後半になると、30％近くまではねあがっていく（表12）。反面、女子学生は「女子大生」という闘う武器を手に入れた。「女子大生ブーム」である。

本書は「闘う女子学生」が大きなテーマになっているが、「女子大生ブーム」を描写するにあたって「闘う」の意味がまるで違うのではないか、と受け止められるだろう。社会と向き合うなかで、具体的に生活改善、政治を良くするために「闘う」ことと、「女子大生ブーム」で女子学生がメディアに登場することとはしっかりシンクロしない。しかし、「女子大生ブーム」によって、女子学生が自分たちを「商品」として利用する社会のあり方は見えたはずだ。それを逆手に徹底的に享楽にふける、あるいはキャリアアップにつなげるなどして、キャンパスを離れて自分なりの生き方を追い求めている。それもまた「闘い」なのだと筆者は考える。

女子学生の歴史において、「女子大生ブーム」は、良くも悪くも女子学生がさまざまな舞台を与えられ脚光を浴びた時代である。

・表12　4年制大学への進学率推移（1980〜1999年）

年	18歳人口（人）	男（%）	女（%）	計（%）
1980	1,579,953	39.3	12.3	26.1
1981	1,607,183	38.6	12.2	25.7
1982	1,635,460	37.9	12.2	25.3
1983	1,723,025	36.1	12.2	24.4
1984	1,667,764	36.4	12.7	24.8
1985	1,556,578	38.6	13.7	26.5
1986	1,850,694	34.2	12.5	23.6
1987	1,882,768	35.3	13.6	24.7
1988	1,882,034	35.3	14.4	25.1
1989	1,933,616	34.1	14.7	24.7
1990	2,005,425	33.4	15.2	24.6
1991	2,044,923	34.5	16.1	25.5
1992	2,049,471	35.2	17.3	26.4
1993	1,981,503	36.6	19.0	28.0
1994	1,860,300	38.9	21.0	30.1
1995	1,773,712	40.7	22.9	32.1
1996	1,732,437	41.9	24.6	33.4
1997	1,680,006	43.4	26.0	34.9
1998	1,622,198	44.9	27.5	36.4
1999	1,545,270	46.5	29.4	38.2

出典はP119を参照

『オールナイトフジ』の衝撃

1983年4月、女子学生に司会や進行を任せたバラエティ番組が誕生した。フジテレビで放映された『オールナイトフジ』である。

女子学生が音楽、映画、ファッション、スポーツ、グルメなどさまざまなジャンルの最新情報を紹介する。ときにはミュージシャンと一緒に踊ることもあった。

女子学生たちは必ず「東海大学文学部の山崎美貴です」と名のり、画面には大学名、名前がテロップで流れた。まったくの素人である。台本は棒読みであちこちでつっかえ、たどたどしい、漢字も読めない。だが、この素人っぽさが普通の女子学生と受け止められ、夜更かしする男子大学生、高校生から支持されていた。ネットのない時代である。『オールナイトフジ』は最高の娯楽だった。

平均視聴率は深夜の時間でありながら3・5%を獲得する。最高視聴率は1989年3月25日の7・2%と驚異的な数字をたたき出した。

番組プロデューサーは、それまで数々の音楽番組を手がけていた石田弘である。

1980年代前半、フジテレビ編成局長だった日枝久（現・フジサンケイグループ代表）は石田たちプロデューサーに「もっとアパッチなことを考えろ」と檄を飛ばす。同局が「楽しくなけ

れば テレビじゃない」というキャッチフレーズを掲げ、視聴率獲得競争ではほぼ1人勝ちしていた絶頂期が始まった時代である。

まだ、『オールナイトフジ』が企画段階だったころ、深夜放映ゆえ視聴率は望めそうにないと思われていたようだ。制作費はゴールデンタイム（19～23時）放映のドラマやバラエティ番組のようにつぎ込めなかった。

そこで、石田は出演料のかからない素人に注目する。当時、萩本欽一が素人をとりこんだバラエティ番組『欽ちゃんの9時テレビ』が人気を集めていた。それを逆手にとって素人そのものを主役にしてしまえ、という発想だった。

石田はこう振り返っている。

「時代が一億総中流意識になってきて、みんな娘を女子大に入れるものだから、私立の女子高がやたらと女子大を増やしていった時期なんですね。あげく『うちの娘はアメリカの大学へ留学させたい』なんて言う家庭が増えていったから、『テンプル大学日本分校』ができて、『アメリカ行かなくてもアメリカの大学入れちゃう！』という現象が起きてしまったんですよ。そんな時代になっていったんですね。これは面白いなと思って、『よし！　有名校から無名校、ピンからキリまで含めて女子大生を並べて学園祭ノリのバカ番組を作っちゃおう！』と。『私たちはバカじゃない！』『いや、バカだ！』みたいな番組をね」――Musicman net　2009年11月17日石田が語る「私立の女子高がやたらと女子大を増やしていった」というのは、具体的にどの大学だろうか。正確には「女子高」ではなく、女子高を持っている短大が四年制大学を作った、あるいは四年制大学に衣替えしたことを指している。また、男女共学化したところもあった。

1980年代後半から1990年代までの新設大学は次のとおり（カッコ内は前身の短大）。

1987年　東洋英和女学院大（東洋英和女学院短大）
1988年　川村学園大（川村学園女子短期大）　恵泉女学園大（恵泉女学園短大）
1990年　聖徳大（聖徳学園短期大）
1991年　文京学院大（文京女子短期大。文京女子大として開校。2002年に現校名に改称）
1998年　学習院女子大（学習院女子短期大）

なお、「アメリカ行かなくてもアメリカの大学入れちゃう！」とは、アメリカ大学日本校のことをいう。1980年代前半から1990年代にかけて、全国に30校以上、誕生した。大学と名乗っているものの、文部省（当時）から正式に認可されたわけではなく、日本では大学として見なされておらず、大学卒の資格（学士）は得られない。私塾に近い。

しかし、日本校とはいえアメリカの大学に入学し、やがて本校を卒業したら海外で就職できるという触れ込みもあり、はじめのころは人気があった。アメリカでのキャンパス生活を夢見る女子学生が少なくなかった。

『オールナイトフジ』には、テンプル大学日本校などの女子学生が出演している。

しかし、アメリカ大学日本校はいずれも短命に終わってしまう。アメリカ式の厳しい教育についていけない、カリキュラムがずさんでまっとうな教育を行っていないなど、学生にも大学にも問題があるところが、いくつか見られた。入試難易度は日本の大学に比べて高くない。なかには無試験に近いところもある。高校の進路指導教諭は生徒に勧めることができなかった。10年もてばいいほう。卒業する前に閉校して他の教育機関に転校を余儀なくされるケースもあった。１９９０年代半ばになると、アメリカ大学日本校の多くは消えてしまった。

『オールナイトフジ』のコンセプトで注目したいのは、「ひな壇に並べて好き勝手にしゃべらせる」であろう。これは青年の主張の発想だが、似て非なるものだ。規範性、道徳性が求められないという意味で、野放図な自由さがある。ここで無知をさらけ出してもよし、知性をひけらかしてもいい。女子学生が発信する場を持てたという意味は大きい。いわば解放区である。闘って勝ちとったものではなく与えられたものだが、享楽だけではない。ときに社会に向き合うなかでの悩み、社会へのメッセージが発信された。就職、恋愛、家族の問題などだ。

オールナイターズ結成

『オールナイトフジ』の出演者はオーディションで決まる。彼女たちはオールナイターズと命名された。

1985年ごろ、オールナイターズの3分の1は事務所に所属していた。面接で見極めるポイントは「美人」度に相当なウエートが置かれていたわけではない。しっかり話せることだった。たどたどしさ、稚拙さがあってもいい。話ができる女子学生がほしかった。「うっそう」を連発しても明るければ大目に見ていた、という。

番組担当の石本幸一は、オールナイターズになる「女子大生」を2つのパターンに分けて観察していた。

「OLに近いしっかりした賢いコと、女子高生に近い、つまり子供と。うちの場合、視聴者が大学、高校生中心だから、どうしても集めたのが高校生に近いのが多いんです。昔、始めたころは、OLに近いほうの娘も3、4人はいたんですが、そういうコは完全に浮いてしまう。で、いつのまにか全部女子高生タイプになってしまった」――『週刊現代』1985年1月17日号

石本はオールナイターズがプロっぽい佇まいを見せてほしくない、あくまでも素人っぽさを出してほしい、と思っていたようだ。そこで、彼女たちに「おまえたちは女子学生であって、

女優じゃないんだぞ」と言い聞かせた。

一方、石田弘はオールナイターズの売り込みに余念がなかった。彼女たちが注目されれば視聴率も上がる。『週刊プレイボーイ』に頼んで、「○○で叩かれたお馴染みの女子大生、グラビアに初登場！」させたこともあった。

視聴者たちは、オールナイターズの「女子大生」を見て、だれがいちばんかわいいか、いちばんの好みはだれかと「品定め」を始め、一人ひとりにファンがつくようになった。『オールナイトフジ』は関東地方でしかオンエアされなかった。新聞や雑誌で女子学生番組として話題になり、オールナイターズの女子学生が男性週刊誌のグラビアを飾る。関東以外の「女子大生」ファンは飢餓感を覚えており、女子学生番組の登場を待ち望んでいた。

1980年代半ば、『オールナイトフジ』の成功を見て、二匹目のドジョウが登場した。1984年4月、読売テレビが『今夜なに色?』をスタートさせている。女子学生5人を月が変わるごとに変えてのトーク番組だが、その内容はときにどきっとさせられるものがあった。「売春している」「レイプされた」「妻子ある男性と付き合っている」など。

1984年10月、テレビ朝日では『新伍と乙女の今夜もキュン!!』がスタートした。山城新伍と女子学生約35人とのトーク番組である。

この番組に出演する女子学生は互いに意識し合っていると、番組担当者は観察している。こう話している。

「お互い、仲も悪いんですよ。ほらよくあるでしょう。あるコが発言すると、必ず食ってかかっていくのが。あれが多いんです。癇にさわる理由というのは、しゃべりすぎる、それに、ブリっこするから許せないというもので、自分もブリっこなんですけど、相手がもっとブリっこだと怒るんですよね。自分より目立つことが許せない。僕たちスタッフがいちばん気を使う点は全員、平等に扱うということ。これは鉄則ですね」——『週刊現代』1985年1月17日号

気を使う、平等と言いながらも、「女子大生」を商品扱いする発想がにじみ出ている。そこには彼女たちに対するリスペクト感はまるでなく、視聴者に飽きられたら使い捨ててしまうという考え方だ。それによって「女子大生」がどれほど傷ついてしまうとしても、知ったことではない、そんな考え方が受け入れられていた時代だ。現在でもこうした発想は残っている。

女子学生をメインにした番組の作り手のなかには、「女子大生」をちやほやしながら、「あいつらはバカだ」と見下す者がいた。それを知っていながらタレントになりたくて番組を利用する女子学生もいたが、嫌気がさしてテレビ局の華やかな世界から離れた女子学生もいる。番組制作者のなかには出演する女子学生に下心をもって執拗につきまとうケースがあった。ストーカーもいた。

また、番組で女子学生が覆面でレイプ、売春、不倫などを語る。うそ、やらせの可能性は高いが、こういう演出が許された時代である。今ならばネットで炎上しかねない。ネットのな

かった時代、何でもありだったが、その内容がエスカレートするほど、大多数の女子学生にはいい迷惑だった。一緒にしないでほしいと。『オールナイトフジ』の二番煎じ、三番煎じの女子学生番組は内容をより過激にしようと企み、節度もなにもなくなってしまう。まもなく、「うそくさいなあ」「また、似たような話かよ」と、女子学生そのものが飽きられてしまった。こうして「女子大生ブーム」は下火になった。

合コンで知り合った男の子と気がついたらベッドにいた

１９８０年代、「女子大生ブーム」とともに、キャンパスではテニス、スキー、サーフィンなどを楽しむサークルが続々と誕生する。体育会ではない同好会ゆえ、ハードなトレーニングが科されず、学年ごとの厳しい序列もない。遊び感覚的なグループだ。

時代はバブル期に向かうころである。大学がレジャーランドと呼ばれ、学生が勉強もせずに遊びほうけていると言われた。学生御用達のカタログ誌がもてはやされる。

当時の学生はファッション誌『POPEYE』『Hot-Dog PRESS』などから流行の感度を高めていた。

『Hot-Dog PRESS』（――１９８２年４月10日号）には「東西7キャンパス・ファッション比較大研究」という記事が掲載されている。同誌からいくつか紹介しよう。

・**慶應義塾大**＝「シルバーキャノンテニスクラブ」のメンバーは140人。毎年6月、ダンスパーティが700人以上集めており、ゲストにタレントを呼んでいる。女子学生はルイ・ヴィトン、ロベルタ、グッチのバッグを抱える。

・**成城大**＝「ウィリテリアスキークラブ」の女子学生はアウディでスキー場にかけつけ、ロシニョール、サロモン、カルーなどのブランドスキー板でシュプールを描く。

女子学生の生態がおもしろおかしく語られるにあたって、テニス、スキー、サーフィンで興じる、ハデなブランドもののファッションを身にまとってディスコで遊んでいる、というレベルをさらに超えていく。

メディアで女子学生の男性との付き合い、性風俗との関わりが、「女子大生」という枠組みで誇張化されていく。テレビに加えて、週刊誌に登場して、恋愛観、セックス観、性風俗体験が語られていく。なかでも、『平凡パンチ』『週刊プレイボーイ』『週刊現代』『週刊ポスト』は、「女子大生」をヌードで登場させ、セックス体験を語らせるなど、文字どおり、「性の商品化」に熱心だった。

具体的には女子学生の性はどのように伝えられたのか。

これらは女子学生の歴史を語る上で、賛否両論が渦巻いてしまうテーマであり、記録を残すにあたって慎重にならざるを得ない。本書では、その時代のメディアで取り上げられた女子学生の声を紹介している。何度も繰り返すが、あくまでも一女子学生の声であり、女子学生全体を象徴するものではなく、これをもって女子学生論を語ることはできない。何よりも信憑性に疑わしいものもある。また、大学名を出すことで大学を傷つける、いや、それ以上にその大学に通う女子学生をひどく傷つけ、侮辱することになる。当時、そして、いまにいたっても女子学生と「性」にまつわる話は扇情的に取り上げられる。

ここからは、週刊誌で「女子大生ヌード」になった女子学生の発言を並べてみた。なお、これらは、女子学生の「声」という体裁をとっているが、実際の虚実の割合にかかわらず、全体としてどのような意図をもって、誰に読ませるために作り上げられたものか、という見地からすれば、メディアの消費者である男性の欲望にかなうよう作り上げられた「虚像」と捉えるほうが合理性がある。そのようなものとして読んでいただきたい。ここに通う女子学生にすれば、いい迷惑であろう。欲望の対象として大学名が刻まれているのだから。しかし、文字どおり、大学をまきこんだ「性」の商品化状況を、あえて記録にとどめるため、週刊誌の「女子大生」記事を表にまとめた(表13)。この本で筆者のスタンスが女子学生の性を伝えるにあたって、「虚像」づくりに加担しているという批判は真摯に受けとめる。それでも基礎的な資料としてメディアが伝えた「女子大生」を女子学生の歴史に刻んでおきたかった。そして、異常で歪んだ大学観を生み出す土壌になり、これが、2019年の『週刊SPA!』の「ヤレる女子大

・表13　「女子大生ヌード」を掲載した週刊誌(1980年代、90年代)

週刊誌	発売年月日	タイトル	登場大学
週刊ポスト	1982年 1月22日号	学生証付き 女子大生ヌード競艶集	早稲田大、明治大、 青山学院大
週刊ポスト	1982年 10月29日号	花の女子大生ヌード集 秋の 軽井沢発「テニスDEヌード」	文化女子大、青山学院大
週刊現代	1983年 6月25日号	女子大生ヌードシリーズ 第9弾 青春のときめき83	武蔵野女子大、早稲田大、 大東文化大、日本大、 和洋女子大、慶應義塾大
週刊現代	1984年 10月13日号	どっきり盗撮 女子大生が身ぐるみ脱いだ	武蔵野音楽大、日本大、 青山学院大、早稲田大、 東洋大、桐朋学園大
平凡パンチ	1984年 11月12日号	ハンパじゃなくてごめん 女子大生学生証つき 親不孝ヌード	明治学院大、法政大、 立教大、明治大、和光大、 獨協大、専修大、
週刊ポスト	1986年 1月17日号	学生証つき 花の美人女子大生ヌード!	慶應義塾大、国学院大
週刊宝石	1995年 11月9-16日号	学長もビックリ! 東大、早大、 慶大 美人女子学生が脱いだ	東京大、早稲田大、 慶應義塾大、立教大、 明治大、法政大
週刊宝石	1995年 11月9-16日号	行列のできる! 正真正銘現 役女子大生フードル超人気 Hの秘密	慶應義塾大、国士舘大、 実践女子大、立正大、 東京都立大
週刊現代	1995年 11月9-16日号	新人女子大生5人ヘアヌード	東京家政大、中央大
週刊現代	1999年 1月16-21日号	史上初! 東京六大学 現役女 子学生6人「完全」ヘアヌード 全員ハッキリ学生証つき	東京大、早稲田大、 慶應義塾大、立教大、 明治大、法政大
週刊宝石	1999年 1月21日号	新春ヌード第1弾! 慶応・立 教・明治 東京六大学女子大 生ヘア	立教大、慶應義塾大、 明治大
週刊宝石	1999年 4月22日号	イケテル行列のできる! 正真 正銘現役女子大生フードル 超人気H	上智大、立教大、 東京農業大、文化女子大、 玉川大、淑徳大
週刊宝石	1999年 7月29日号	顔出し・学生証付きでここ まで脱いだ現役女子大生の 「ナマ性告白」	東京家政大

著者調べ

学生ＲＡＮＫＩＮＧ」の源泉になったことを知ってほしい。

・**青山学院大1年**「将来は語学力を生かして、グローバルな仕事につきたいの。世界を股にかけて活躍するキャリアウーマンに憧れているんだから。キリッとした口元がチャームポイントよ」――『週刊現代』１９８４年10月13日号

・**文化女子大**「藤竜也ファン。優しさを表に出さないでぐいぐい引っ張ってくれる男性が理想。16歳でキッスを覚えて翌年初体験でした。海外に永住して活躍するデザイナーが夢」――『週刊ポスト』１９８２年10月29日号

・**日本大**「ボーイフレンドもほしくないし、極めて堅く生きてるのよ。中年のおじさんたちが描いている女子大生のイメージと違う女の子だっているんだから」――『週刊現代』１９８３年6月25日号

・**慶應義塾大**「初体験は中学3年の時で、相手は同級生の彼氏です。あまり感激や感動とか、なかったかな。今までに経験した男性は１００人ぐらいですね。周りの友だちもみんな遊んでいるからそんなに多いほうじゃないと思うんですけど、違います？　好きな体位はバックで性感帯はＧスポットです」――『週刊現代』１９８３年6月25日号

・**立教大**「合コン、しょっちゅういろいろな大学から声がかかります。実際にやるのは早稲田とか慶応とかブランド大学が優先。私も前はけっこう遊んでて、合コンで知り合った男

の子と気がついたらベッドにいたみたいなこともありました」──『週刊宝石』１９９９年1月21日号

・**実践女子大**「風俗で働いて男性に対しての幻想とか憧れはなくなりました。うわべ以外で男性を見られるようになったかな」──『週刊宝石』１９９５年11月9・16日号

・**玉川大**「大学の購買部に風俗専門の求人誌が売っていたんです。お金はほとんど貯金。留学の資金にするためです」──『週刊宝石』１９９９年4月22日号

そして、男性週刊誌では女子学生を集めて、セックス観についてこう語らせている。

・**慶應義塾大**「デートのとき、何をおいても避妊具を忘れないでほしいの。その日に（ＳＥＸ）があっても困らないようにするのが、男の義務よ」

・**大妻女子短大**「そう、その日こういうことになりそうだと思ったら、男としては当然すべきよ」

・**玉川大**「身だしなみのひとつなんじゃない。スキンも用意できない男は無責任よ」

・**日本女子大**「ひっくり返せばそういう準備のできない男と関係を結んじゃったら、それは女の子のほうがバカと言えるんじゃないかな」──『平凡パンチ』１９８５年3月25日号

どれもこれも、ここまでくるとかなりあやしい。どこまで本当かわからない。彼女たちは本当のことを言っているのか。記者が勝手に作っているのかもしれない。ただ、こうした記事によって、「女子大生」が虚像として膨れあがってしまった。

ハント術をマスターして攻略すれば、女子大生はすぐにホテル直行

「女子大生」と「セックス」を重ね合わせたテーマはどんどんエスカレートする。男性週刊誌は「女子大生をナンパせよ」と言わんばかりにはやし立てる。なかでも『平凡パンチ』がやたら熱心だった。たとえば、「全国大学別SEX偏差値データ」（──同誌1984年11月12日号）では、「女子大生ナンパ街&直行ホテルガイド。学園祭は最高のナンパデイ。ハント術をマスターして攻略すれば、女子大生はすぐにホテル直行となる」とあおっている。「女子大生」を口説くために、大学をグループに分けて次のように指南するが、恐ろしく品がない。「大学ブランド・グループ」は「イタリア語やフランス語のナウい店の名を連発すれば、その効き目は大。基本的にはおっかながり屋なので、時間をかけないこと。酒でも飲ませ、いい気持ちになったところを連れ込むべし」。「現金は5万円。VISAやUCのカード2〜3枚」を所持して、車は「BMW、国産車はシルビア、ソアラ」で迎えて、「一流ホテル」に泊まること

ととある。

「股開きグループ」は「別名、洋服を着た生殖器グループ。相手をしてくれるなら誰でも可という省エネタイプ。ただし、一度寝たぐらいで、すぐ恋人関係になったと錯覚する傾向があり、男を追い回す女が多い。別に酒を飲まして口説く必要なし。耳元で甘い言葉のひとつもささやけばその気になる」。「現金1万円ぐらい。場合によってはワリカンもできる」、車は「動けば何でもいい」、ホテルは「寝られればどこでも大丈夫」。

ここには「グループ」ごとに大学名が並ぶが、さすがに引用できない。大学の尊厳を傷つけてしまう。『SPA!』の「ヤレる女子大生」と同じぐらいタチが悪く、いまならば直ちに炎上するだろう。さらに、『平凡パンチ』は同号でこうも続ける。

「女子大生とこんなところでエッチしたいＰＡＲＴⅠ　ド寒い街でのＣａｒ　ＳＥＸもいいもんじゃネエか。今年の女子大生はアブナイ・ノーマル大好きでイッパイだ」

「女子大生とこんなところでエッチしたいＰＡＲＴⅡ　おいしい薬－媚薬入門　うぶな女子大生も淫乱女に変身しちゃうゾ」

「女子大生とこんなところでエッチしたいＰＡＲＴⅢ　87女子大生ＳＥＸマニュアル　なるほどこれがお好み　女子大生１００人アンケート」

２０１９年に問題となった『SPA!』の「ヤレる女子大学生ＲＡＮＫＩＮＧ」のルーツはここにある。記事のスタンス、スタイルの度を超えた女性蔑視は、当時、スルーされてしまった、あるいはギャグですまされてしまったところに、「女子大生ブーム」の病根を見ることができ、不幸にも１９８４年の『平凡パンチ』から２０１９年の『SPA!』へ負の遺産として受け継がれてしまった。

１９８０年代、「女子大生」はポルノ映画、性風俗にもすっかり浸透してしまった。１９７０年代前半から１９９０年代にかけて、「女子大生」が付いたポルノ映画のタイトルを並べた（表14）。

性風俗ではキャバクラ、覗き部屋、ノーパン喫茶、ホテトル、ソープランドで「女子大生」を看板に掲げたところが現れる。実際、女子学生は働いていた。それが週刊誌に学生証付きで報じられる。その大学が難関であるほど、価値をもってしまう。「慶大生ホテトル嬢」「早大生キャバクラ嬢」と喧伝され、「性の商品化」は大学のブランド力によって「高価」なものとして消費されていく。

１９８０年代後半からアダルトビデオ（ＡＶ）がいっきに普及したとき、当然のごとく「女子大生」ものは商品価値を持った。街でスカウトされてＡＶに出演し、大学名まで出てしまう。ここでも難易度の高い大学が注目されてしまう。次に紹介するのは、男性のコンプレックスの入り混じった欲望を満たし、異常な「エリート」大学観を生み出す、極端なケースである。

「私は19歳『現役東大生』ＡＶギャル　最高学府の女」（――『FOCUS』１９９２年９月４日号）では、こう語らせている。「初体験は高３の時。セックスしてても、それが受験勉強の気分転

・表14 「女子大生」のタイトルが付いたポルノ映画（1970〜1980年代）

上映年	映画タイトル	出演者
1973	女子大生SEX方程式	田中真理
1973	女子大生 SEX方程式同棲	田中真理
1973	女子大生SEX 夏期ゼミナール	潤ますみ
1973	女子大生偽処女	潤ますみ
1974	(秘)女子大生 SEXアルバイト	潤ますみ
1974	女子大生 かりそめの妻	星まり子
1975	女子大生モーテル 歌麿遊び	内藤杏子
1976	恍惚!女子大生 男研究室	四光まりこ
1977	むれむれ女子大生	森川麻美
1977	女子大生 ひと夏の経験	八城夏子
1977	女子大生 (秘)ピンクレディ	原悦子
1977	女子大生 セックス・アニマル	中野リエ
1977	女子大生 ひと夏の体験	岡本麗
1979	女子大生 (秘)SEX診断	小川恵
1979	泉大八の 女子大生の金曜日	水島美奈子
1979	女子大生 三日三晩汗だらけ	北沢ユキ
1980	女子大生の告白 赤い誘惑者	紀ノ山涼子
1980	女子大生 快楽あやめ寮	安西エリ
1980	女子大生ザ・穴場	寺島まゆみ
1980	女子大生の 基礎知識ANO・ANO	青地公美
1980	女子大生温泉芸者	朝吹ケイト
1980	女子大生の告白 赤い誘惑者	山口美也子
1980	女子大生ひだの戯れ	朝霧友香
1980	女子大生激撮剥ぐ	朝霧友香
1981	痴漢女子大生	杉佳代子
1981	女子大生変態	沢木ミミ
1981	女子大生 痴漢のすすめ	木村佳子
1982	女子大生出張トルコ	たかとりあみ
1982	女子大生 セックス卒業試験	川奈亜子
1982	女子大生の下半身 な〜んも知らん親	島原まりの
1982	女子大生 初縄体験	蘭童セル
1983	女子大生 契約娼婦スチル	風かおる
1983	女子大生OL 出張変態部屋	響恭子
1983	女子大生 縛って濡らす	風かおる
1983	爛熟女子大生 おしゃぶり上手	三条まゆみ
1984	女子大生 セックス占い	しのざきさとみ
1984	女子大生 マンションレイプ	山地美貴
1985	女子大生 激射快感マッサージ	早乙女ひろみ
1986	ザ・本番 女子大生篇	中沢慶子
1986	現役女子大生 下半身FOCUS	杉田かおり
1986	べっぴん女子大生 ソーセージの味	風見怜香
1987	ザ・本番 女子大生 振り袖パーティー	有栖川景子
1989	女子大生 牝猫・さかり	高崎慶子

著者調べ

換にさえなれば、東大に入れます」

「仰天潜入撮影！　現役東大生、超過激ＡＶ主演現場」（――『FLASH』２００１年１月23日号）において、「経験人数？　15人ほどかな。ゆきずりの人もけっこう多かったですね。自分でもすけべなほうだと思う。ＡＶでもあたしから複数プレイを希望して男優３人と４Ｐが実現したし」というコメントを載せている。

女子学生の歴史を語るにあたって、セックス体験、性風俗を真正面から取り上げるのはむずかしい。興味本位と批判する向きもあるだろう。それでも記録に留めたのは、「女子大生」を「性の商品化」する視線が歴史的にいかに根深いものかを示すためだ。なぜ女子学生がこんな描かれ方をされるのか、なぜ女子学生自身、セックスについてここまで語らせるのか、を問題提起として示したかった。

女子学生と性を語る上で、「闘う」というメンタリティを結びつけるのはかなり無理がある。ただ、たとえば性風俗に従事する女子学生の生き方、生きざまからは、「闘う」という姿勢を感じ取ることができるかもしれない。

この時代、女子学生が性風俗でアルバイト、ＡＶに出演する理由として、①遊ぶため、②生活するため、③学費を稼ぐため、④興味があったから、などが考えられる。統計を取りようがないので、どれがもっとも多いか見当がつかない。男性週刊誌には「海外旅行のために」「留学資金を貯めている」「セックスに関心がある」などと紹介されることが多い。ほんとうだろうか。一方、②③であれば、生活、学費が十分ならば、性風俗でアルバイトする必要はない。生きるために、学ぶために、自ら「女子大生」を利用したわけだ。「援交」こと援助交際の源泉をここに見ることができる。学費、生活費を稼ぐために「援助」を名目でも「ウリをやる」という売買春だった。当時、あまり話題にならなかったことである。大学生を語る上で「貧困」ということばが使われなかった時代だが、大学に通うために性風俗でアルバイトする女子学生はいたはずだ。

それから30年後。

２０１０年代、学費が払えない、生活費が賄えないという理由で、性風俗でアルバイトをする女子学生が話題になった。ノンフィクションライターの中村淳彦が『女子大生風俗嬢 若者貧困大国・日本のリアル』（——朝日新書 ２０１５年）で、いくつかの事例をまとめている。その始まりが、１９８０年代のいわゆる「援交ブーム」のなかにも見てとれる。

これらを、女子学生が生きるために「闘う」と言い表すのは適当ではないが、厳しい現実と闘ってきたことには通じるものはないだろうか。

大学に入っているんだから勉強するのは当然じゃない

「女子大生ブーム」のピークの１９８０年代半ば、世に喧伝される「女子大生」像にアンチテーゼを示す女子学生も少なくなかった、受験生向け大学情報誌から彼女たちの話を紹介しよう。

〈『週刊朝日別冊大学の選び方』１９８４年版〉リード文「女子学生を語らずに大学を語ることはできない」

・**立教大**「（予習について）毎日やらない日はないという感じで、1日2時間か、3時間くらいやるかしら。『すいません。まだやってないんですけれど』というのが2週間続いて、『君、もうちょっとでぼくの出席簿から落ちるところだったよ』と言われたりしてね。（略）」

・**同志社大**「一生懸命勉強していかないと白い目で見られて、『やっていません』というと『ハイ、ペナルティね』と言われ、2週間やっていないと重大なペナルティになって、ペナルティが20個たまると教室にこなくていいという厳しさ……。右側が女子大、左側が同志社なんですけど、女子大の人って、いつ見てもすごくきれいにしてはってズボンをはいている人なんて見たことない」

・**津田塾大**「寮の子なんて、体操着のまんまヒョッと出てきたりする人もいるんです。『JJ』なんかにブランドものを何個も持ってというイメージの女の子が出てるでしょう。津田の場合、周りを見てもブランドとおぼしきものはあまりなくて普通のかっこうですね。それと、男の子の目を気にしなくていいというのがあるから、どんなかっこうしてもいいやという感じで……。（合コン相手で）東大の1年生って、3年生なんかまだいいけれど、『ぼくの共通一次は』なんて話をするわけ。クラーイと思って、パスという感じ」

〈『週刊朝日別冊大学の選び方』1985年版〉

「女子学生って、世間で観るほどどうわついてはおりません」と銘打って女子学生が座談会で語っている。

・**日本女子大**「英文学科ってうちの大学でも結構、授業とか大変なほうで授業中とかもみんなすごくまじめな人が多くてノートも必死にとっているし、前の席が取り合いになるぐらいだから。私たちは大学に入っているんだから勉強するのは当然じゃないってわりと考えているんだけど、男の子に『将来、役に立たないことをやって何になるんだ』みたいなことを言われて……。（略）どうしても女子大の子と合コンしたいっていうから、半分義理コンみたいに行ったんだけど、全然おもしろくなくてお金はとられるし。友だちとつまらないねとかいって、じゃあお金の分だけ食べて帰ろうとか言って、もう何も話さずに、ただただ食べて帰って来ちゃった」

・**早稲田大**「法学部は本当に語学と体育に出ればいいぐらいで、だから時間がとてもたくさん自由になって。もちろん、それを勉強に生かしている人もいるし、サークルとかで楽しくやっている人もいるし、サークルでも勉強でもない自分のやりたいことをやっていて……、周りを見ていると女の子のほうがしっかりして、授業もある程度やるし、さぼるときはバッとさぼって自分の好きなことをバッとやっています」

・**相模女子大**「授業に関しては先生と学生というよりも、何かお友だちみたいな感じなんですけれど、いざ教科書を開くと厳しいですから、サボりなんてあまりできない状態です。（略）合コンってあまり興味なかったですね。大学1年の5月に卒業しちゃったんです。声がかかってきて何となくお友だちになっても、お酒を飲んで、下らない話をして、その場でさようならっていう感じが多いので、行ってもお金と時間の無駄だなという感じ」

4コマびっしりの地獄の水曜日。通称、Big Wednesday

女子学生は「女子大生」と括られるとき、華やかなイメージで語られる一方、興味本位で性的対象として見られてしまう。とてもわかりやすい。しかし、虚像が幅を利かせすぎて、女子学生の現実がなかなか見えてこない。一方、「女子大生」ではなく、女子学生としてこの時代の彼女たちについて解説するのはきわめて困難である。進学率は１９８０年代では10％台を続けており、選ばれし者の女子エリート層ではある。勉強が好きで得意な女子が多かった。

１９９０年代に20％台になっても知性の面でリスペクトされる存在である。だが、大学が少しずつ増えるなか、大学間で差異が生じることが多くなり、女子学生を一括りに語ることはきわめて困難になった。難関大学と非難関大学、地方大学と都市部の大学、授業が厳しい大学と授業がゆるい大学、そして、女子大学と共学大学である。

早稲田大法学部の授業出席について、１９８０年代の一時期はたしかにこんなゆるい時があった。ここまでではないが、人文社会系学部では、当時の教育システムである１、２年次の教養課程は語学と体育を落とさなければ、よほどサボらないかぎり進級できるという雰囲気があった。楽勝科目の教員が先輩から伝えられ、代返、出席表を代わりに書いてもらってエスケープできる。ふだんの授業にまったく出なくても試験だけ受ければよく、試験もレポートで簡単なもの、という、恐ろしくいい加減な大学教育が一部で通用していた。こうしたゆるさに甘えていたのは、男子学生だった。登録した授業がある曜日にルーティーンのアルバイトを入れてしまう。そのお金を使ってナンパに精を出すことがしばしばあった。それに比べて、女子学生のほうがはるかにまじめだった。クラスやサークルで、男子からせがまれればノートをコピーしたり、試験の内容をコンパクトにまとめたりしてくれる。大学の勉強で女子は男子にとってじつに都合が良い存在だった。

男子がいない女子大学の場合はどうだろう。共学に比べると学生の出席率ははるかに良かったようだ。男子はサボってアルバイト、あるいは近所でブラブラしてしまう。まだ、雀荘が学生のたまり場になっていた時代である。教室を抜け出して行くところはいっぱいあった。それに比べて、女子のほうがサボることに罪悪感を強く感じていたかもしれない。

受験情報誌には日本女子大文学部、2年生の生活が掲載されている。

「水曜日　4コマびっしりの地獄の水曜日。通称、Big Wednesdayです。1コマ目、いきなり『必修英語』。2コマ目は細かいところをつかれる『中世の演習』。水曜日の午前中って受験生並みのハード。午後の『概論』は1年生との合同授業。300人近くの授業なので、いつも昼寝の時間になってしまう。4コマめの『近代の演習』は、一応出席するつもりだったけど、何となくたまり場の喫茶店へ。ちょっと顔を出したら区の中央図書館でレポートの資料をさがしてという予定も。週に一度、日曜日の10時から4時までジャズのレコード店でアルバイトしている」――『螢雪時代　大学内容案内号』1984年8月号

続いて、法政大経営学部2年の女子学生のある1日。

「まず、簿記概論の授業で宿題が出る。が、やるぞとばかり、本屋にかけこんだけどその問題集がないときた。そういえば、来週の火曜にロシア語の小テストがあったんだと、図書館へかけつけ、しばしの時をすごす。つづく経済概論は、やたらノートの消費が激しくて。疲れたなあ。で、家へ直行。すぐに夕食の支度にとりかかる」――『螢雪時代　大学内容案内号』1985年8月号

1980年代半ばから後半にかけて、いわゆるバブル期である。大学はイベントサークルが

興隆し、週末、サークル開催のパーティがディスコで行われることがあった。女子学生はファッション誌から抜け出したようなかっこうで踊る姿がメディアで伝えられる。キャンパスに「ルイ・ヴィトン」のバッグ、「シャネル」の小物があふれたのもこのころだ。

一方で、大学では教育改革が進んでいた。

大学設置基準大綱化という名目で、大学のカリキュラムが大きく変わる。これまで国によって縛られていた1、2年次の教養課程、語学や体育の必須などが、大学の裁量でかなり緩やかに科目を選択できるようになった。また、コンピュータ、語学の教育に力を入れるようになった。その代表格が慶應義塾大湘南藤沢キャンパス（SFC）である。SFCには帰国学生や留学生の女子が多く集まり、教員と学生、学生と学生の間ではあたりまえのように英語でやりとりがなされ、普及したばかりのインターネットを駆使し最新情報を手に入れていた。SFCでグローバル化を進めたのは女子学生の元気さ、といってもよかった。

グローバル化によって留学制度が充実するようになった。学内の留学選抜試験上位には必ず女子学生が並ぶ。文、外国語、国際系の学部に女子が多いという母数の問題もあるが、それだけではない。外向きの意欲は女子のほうが旺盛と、どの大学からも聞くことができた。

1990年代はだれもが留学できる制度が作られつつあった。円高によるところも大きい。今では早稲田大、明治大、法政大、関関同立には、留学必須の国際系学部があるが、以前はきわめて限られていた。亜細亜大、昭和女子大などである。

大学改革によって教育のあり方が厳しく問われるようになった。日本の大学は入学はむずかしいが出るのは簡単、と長年言われたことに対して、大学は学生にしっかり勉強させる政策をとり始めた。これによって、楽勝科目の数が減っていく。こんな状況でも女子学生はまじめさを発揮した。成績優秀者表彰、卒業生総代に女子が選ばれることが多くなったが、女子学生母数が増えたからだけではない。しっかり勉強してきたからだ。

ところで、１９９０年代後半から２０００年代にかけて女子学生が犯罪被害者となるケースが見られた。大学関係者の大きな衝撃を与えたのは、桶川ストーカー殺人事件である。

１９９９年10月、埼玉県の私立大学の女子学生Nが元交際相手の男性らによって殺害された。事件の経緯は次のとおりだ。同年１月、NはXと交際を始める。まもなくXの暴力を伴う束縛行為に、Nは耐えきれず別れ話を切り出す。だが、Xは交際を続けることを強要し、ときに脅迫行為におよぶことがあった。６月、Nは埼玉県警上尾警察署に相談するが、相手にしてもらえなかった。７月に入ると、Xは友人らとNの実家近くで中傷ビラを撒くようになった。Nの母親が上尾署にXを名誉棄損容疑で告訴する書状を提出した。この間、Xらによる中傷ビラ配布、送付が続いている。９月、上尾署員が告訴状を被害届に改ざんしてしまい、Nの母親に告訴取り下げを要請した。この頃、Xらの嫌がらせはエスカレートし、Nの実家周辺を自動車から音楽を大音量で流すなどしていた。そして、10月、桶川駅前でNはXらに刺殺されてしまう。

この事件では警察側の捜査怠慢が厳しく問われ、上尾署の関係者が数人処分されている。また、事件発覚当時、Nに対してひどい報道被害がなされていた。Nが複数の男性と遊んでいる、ブランド狂いだった、風俗店でアルバイトをしているなど、事実無根の話が伝えられた。上尾署はNの所持品に「グッチの腕時計」「プラダのリュックサック」があると発表したことで、あらぬ噂が流れたのである。典型的なセカンドレイプだった。

このころ、キャンパスでの性暴力事件も起こっている。早稲田大のイベントサークル「スーパーフリー」のメンバーの学生が、1998年ごろから女子学生に集団で強姦する事件だった。性暴力の被害にあった女性は100人以上とされた。2003年、早稲田大、東京大、慶應義塾大、法政大、学習院大、日本大などの学生ら14人が準強姦罪で実刑判決を受けている。

スーパーフリーのなかでは、こんな言葉が交わされていた。

「女は撃つ（強姦する）ための公共物だ」

「新入生の女は酒も弱いし、ゲームも弱いから、すぐにでも回せるんだ」

「回しに参加しないスタッフは一人前ではない」

「回しによって連帯感を高める。そうすればやる気が出る。それがイベント成功の秘訣である」

「回し」とは集団強姦を意味する。

早稲田大は主犯の学生らに退学処分を科している。

キャンパスでの性暴力という許しがたい犯罪は、2010年代になっても東京大、千葉大、慶應義塾大などで起こっていた。

1970年代の女子学生評に次のようなものがあった。1980年代前半からの見立てだ。評するのは、当時、法政大助教授だった田中優子である。

「かつて大手共学4年制大学では威勢のいいブスが花盛りだった。哲学ブス、文学部ブス、物理ブス、語学ブス、全共闘ブス、民青ブス――いずれも分野別の没頭していることがその特徴であった。したがって無関心ブスというのは圧倒的少数しか存在しなかった。美女は美女なりに男子学生の間を渡り歩くことに学生生活を捧げ、美女としてより崇拝されるための努力を惜しまなかった。そしていずれにしても授業に出るヒマはほとんどなかった。それぞれの専門分野におけるブスたちは、その分野を実践することがまさに生きるのであって、その他のことはどうでもよかったのである。（略）

ところで、大手共学4年制大学からブスが急速に消え去っている、という印象が、巷に広がりつつあるらしい。そして、ある意味では、ブスが消え去っていくということは、専門分野がなくなっていきつつあるということに見事に対応している。〝特殊専門ブス〟が学際的に統一されて〝一般女子大生〟という新たな統合分野ができあがっているらしい」――『平凡パンチ』1983年8月8・15日号

あまりにも威勢のいい文体に圧倒される。1970年代の女子学生はそれぞれ好みの分野、

専門領域に没頭していたが、1980年代は専門性を求めるよりも、専門性を持たない一般的な女子学生＝「一般女子大生」が増えたということであり、1つの女子学生論といえる。「ブス」は比喩っぽい意味あいもあるが、今ではとても使えない。田中は2014年に法政大総長に就任した。2019年、法政大はミスコン廃止を宣言する（249ページ）。

第７章
女子学生の歴史④
（2000年代〜、女子学生急増。その背景と神話）

２０００年、女子学生の進学率（四大）が31・5％となった。

本章ではこれまでの女子学生の歴史に比べて数字の羅列が多い。いまの女子学生の姿をについて、さまざまなデータから眺めてみたいからだ。さらに、数字の上では大幅な改善が見られながら、なお消えない女性軽視・差別、女性の側にも内面化された性差意識という根深い問題も見ていきたい。まさに現在進行形の問題である。

１９８０年代、女子学生の進学率は10％台をしばらくキープしていたが、１９９０年代に入って右肩上がりで高まっていく。１９９０年15・２％、１９９２年17・３％、１９９４年21％、１９９６年24・６％、１９９８年27・５％、そして２０００年に30％を初めて超えた（表15）。

その後の女子の進学者数、進学率は上昇し続けた。２００２年33・８％、２００４年35・２％、２００６年38・５％、２００７年には40・６％となる。２０１０年になると45・２％まで到達した。２０１８年に初めて50％を超えた。それでも男女差に約６ポイントの差がある。また、先進国のなかで女子進学率は高いとは言えない。２０１６年のデータで見てみると、ＯＥＣＤ（経済協力開発機構）諸国の女子学生進学率平均は54％である。イギリス、スペイン、ニュージーランドは55％を超えており、スウェーデンは60％に達していた。日本は48・２％である。また、大学進学率ではアメリカ、イギリス、スペイン、イタリアなどほとんどが女性が男性を上回っており、日本だけは異例と言える（出

・表15　4年制大学への進学率推移（2000～2019年）

年	18歳人口（人）	男（%）	女（%）	計（%）
2000	1,510,994	47.5	31.5	39.7
2001	1,511,845	46.9	32.7	39.9
2002	1,502,711	47.0	33.8	40.5
2003	1,464,800	47.8	34.4	41.3
2004	1,410,679	49.3	35.2	42.4
2005	1,365,804	51.3	36.8	44.2
2006	1,325,722	52.1	38.5	45.5
2007	1,299,571	53.5	40.6	47.2
2008	1,237,294	55.2	42.6	49.1
2009	1,212,499	55.9	44.2	50.2
2010	1,215,843	56.4	45.2	50.9
2011	1,201,934	56.0	45.8	51.0
2012	1,191,210	55.6	45.8	50.8
2013	1,231,117	54.0	45.6	49.9
2014	1,180,838	55.9	47.0	51.5
2015	1,199,977	55.4	47.4	51.5
2016	1,190,262	55.6	48.2	52.0
2017	1,198,290	55.9	49.1	52.6
2018		56.3	50.1	53.3
2019				53.7

出典はP119を参照

典：OECD 2016,Education at a Glance Datebase)。

２０１９年、女子学生数は１１８万２１７０人（前年比で1万１７９２人増）だった。全体の大学生数からみれば、45・４%が女子である。

おおまかに言えば、１９９０年に15%、２０００年に30%、２０１０年に45%と、10年ごとに15ポイントもアップしている。なぜ、女子学生がこれほど増えたのだろうか。また、女子学生が増えたことで大学はどう変わっただろうか。以下のような要因が考えられる。

①大学進学率全体が向上した

男女合わせた進学率の推移は１９９０年24・６%、１９９４年30・１%、１９９８年36・４%、２００２年40・５%、２００６年45・５%、２０１０年50・９%。産業構造が変わり人卒で採用する企業が増えた。大卒のほうが給料など待遇面で優遇され、社内での昇進に有利となる、という現実もある。「大学を出ておかないと」という大学進学圧力が高校生にふりかかった。景気が悪かった２０００年ごろ、高卒で好条件の就職口が見つからず、「就職できないから大学に進む」というケースも見られた。大学進学率が上がったことで、これまで高卒で就職していた女子が大学に進むようになった。

②短大よりも大学を選んだ

短期大学の学生数のピークは、1993年の595校53万293人だった。ところが2016年になると343校12万8460人と激しく減少する。どういうことか。これまで短大に進んでいた女子が大学に進むようになったからだ。1993年から2016年にかけて、単純に計算すると約40万人が短大から四大に移ったという見方もできる。1993年の女子（四大）進学率が19％、2016年48％なので、29ポイントの増加分の多くが短大などから四大に流れたと見るのは合理的であろう。短大そのものも1996年596校をピークに、2001年559校、2006年469校、2011年388校、そして、2016年343校となった。

1990年代ぐらいまで、女子は短大に行くもの、という考え方が根強くあった。地方によっては、どんなに成績優秀でも「短大までしかやれない。卒業したら少しお勤めして結婚すればいい」という風潮が残っている。ところが、四大卒のほうが就職実績が良い、専門性を学べるなどの理由から短大が避けられるようになった。

大学経営者も女子の四大志向を見据えて、短大から四大にシフトするところが出てくる。首都圏にブランド力が高く、難易度はMARCHと互角な短大があった。成績優秀でも親の意向で四大に行かせてもらえず、短大に進んだ女子が集まったところだ。このうち、東洋英和女学院大短大部、学習院女子短大は四大へ移行する。青山学院女子短大、明治大短大、東京女子大短大部は募集停止となり、敷地内には新しい学部が誕生している。なお、ブランド短大の1つだった東京女学館短大は四大になるが、学生が集まらず、募集停止となった。上智短大などかつての人気校はいまだ健在であり、上智大に編入できるシステムが整っている。

③看護系、保健系の四大化

看護師になりたい女子は、短大、専門学校などに進むというケースがほとんどだった。ところが、看護師育成の世界もいっきに四大化が進み、看護師養成課程（学部、学科、専攻など）は、1991年11校→2001年89校→11年194校→18年263校と爆発的に増えた。全四年制大学の看護師養成課程の入学定員は91年に558人だったのが、18年には2万3667人まで膨れあがった。40倍以上である。どの大学もほぼ定員充足しているので、1990年代に比べると、看護師志望2万人以上が短大、専門学校から四大に流れたと見ることもできる。なお、大学の保健師養成課程の定員数は91年の518人から2017年には8287人に増えた。助産師の養成課程をもつ大学については、91年5校から2017年81校となった。看護師、保健師は男性が従事するようになったが、看護学部の女子比率はどこも9割を超している。こうした分野での職業と直結する学部学生が増えたことが、女子の進学率向上を後押ししたわけだ。

④キャリア志向の女子が増えた

女性の意識が変わったことが大きい。１９８０年代以降の男女雇用機会均等法施行、男女共同参画社会づくりなどで、女性がさまざまな分野で活躍する気運が高まり、そのためには大学で学ぶという進路が広がった。２０００年代になると、男女雇用機会均等法１期生、２期生あたりが管理職に就くようになり、女子にとってはロールモデルとして自分の生き方の１つとして参考としたようだ。採用する側も総合職、事務職という区分がなくなり、表向きは男女の差なく、だれもが能力に応じた仕事ができるようになったことで、四大で教養、専門性を身に付けようとする女子が増えた。

⑤社会科学系学部志望の女子が増えた

１９９０年代まで文、外国語系学部に女子が圧倒的に多かった。２０００年以降、キャリア志向が強まったことで、かつては男社会だった法、経済、経営、商などの社会科学系に多くの女子が集まった。たとえば、上智大（法）52・２％、熊本大（法）47・７％、青山学院大（法）47％、南山大（経営）53・３％、立教大（経営）49・９％、亜細亜大（経営）48・９％など男女数が拮抗しているところが増えている（２０１８年）。１９９０年以降、女子大で経営系学部が生まれている。最近では、２０１３年に昭和女子大グローバルビジネス学部、２０２０年には共立女子大ビジネス学部、武庫川女子大経営学部が作られた。

⑥「リケ女」の出現

理工系では理学、生物、建築系で女子の進出が目立っている。２０００年代後半から、「リケ女」という言葉が登場し、とくに建築学科では女子の入学者が増えた。２０２０年、武庫川女子大が建築学部を作った。ファッション誌『Ray』のウェブサイトに「理系の美人女子大生が集まると話題♡　東京理科大学に潜入調査！」（――２０１９年6月5日）という記事が掲載されている。「クリア素材のスマホケースを使っているコが多い理科大生。友達とのプリクラや好きなステッカーなどを入れたりして自分なりにカスタマイズしているコが多数！」は「リケ女」らしい。「美人」と枕詞を付けるところに「商品化」発想はあり、「リケ女」という表現も、女性の理系研究者を特別視しているとして差別的な表現と批判されることがある。もっとも、電気、機械、土木系は女子が1割程度という大学が多い。芝浦工業大は女子学生を増やす一環として、２０２１年から附属中学校、高校の男女共学化を進める予定だ。

⑦医学部に女子学生が進出

医学部医学科（以下、医師養成系という意味で医学部）でも女子学生比率が高まっている。統合前に国立医科単科大を前身とする医学部が見られる。佐賀大（佐賀医科大）、島根大（島根医科大）、福井大（福井医科大）などで、これらは１９７０年代に開学している。医学部は男社会という古いしきたりが続くなか、それに縛られない校風が見てとれる。

毎年40％前後の関西医科大、東邦大は、それぞれ大阪女子高等医学専門学校、帝国女子医学専門学校を起源とする。女性医師養成の伝統がいまに継がれる。

一方で、なかなか女子が増えない医学部があった。以前から医学関係者はうすうす気付いていたが、２０１８年になって東京医科大、順天堂大などの医学部で女子の入学制限をしていることが発覚した（——31ページ）。もちろん、これには合理性はまったくない。

医学部医学科で女子学生比率がもっとも高いのが、佐賀大44・８％（２０１９年）である。同大学医学部附属病院の山下秀一病院長はこう話している。「女性の比率が４割と他の医学部に比べて高いのも特徴です。このため、女性医師が結婚、妊娠、出産、子育てを迎えてもリタイアすることなく働き続けられるようなサポート体制として『ダイバーシティ対策室』がスタートしています」——『九州医事新報』２０１６年11月号

⑧女子大家政系学部の変貌、良妻賢母からの脱却

２００７年、園田学園女子大の今井章子学長は次のように話している。

「私が本学に赴任した昭和50年頃は、本学だけではなく女子大学の多くが良妻賢母の育成を理念に掲げていました。卒業後就職してもいずれは家庭に入ることが安定した生き方とされていましたし、女性もそれを望んでいました。しかし、時代は変わりました。女性の社会進出に伴い、役割に応じた専門性や実践力を求められるようになり、女子大学もそれに応じた改革が必

要になったのです」――『リクルート進学ネット』2007年10月9日

正確に言えば、1970年代いや、それ以前も堂々と「良妻賢母の育成」を教育理念に掲げる大学はほとんどなかった(――165ページ)。しかし、良妻賢母前提の旧態依然な教えが残っていたのは確かだ。とくに家政系学部である。「卒業してから良い奥さんになるため裁縫、料理を身につける」という、花嫁養成学校的なイメージが持たれたのは否めない。こうした体制を変えてしまおう、と言わんばかりに、1990年代、家政系学部が変貌していく。1990年以降、家政系学部の名称が変わった大学は次のとおり。

・**生活科学部**　お茶の水女子大、昭和女子大、実践女子大、椙山女学園大、同志社女子大
・**人間科学部**　神戸女学院大、神戸松蔭女子学院大、甲南女子大
・**生活環境学部**　奈良女子大、金城学院大、武庫川女子大

⑨女子大学の共学化

共学化で男子学生を受け入れることによって、女子学生はかえって減ることになるのではないか――普通はそう思うだろう。しかし、受験生の女子大離れという深刻な状況を打開するには共学化が特効薬になるという見方がある。女子大離れは共学志向が強まった裏返しである。女子大学にこだわって女子を減らすよりは、共学化して女子を呼び戻すほうがいい、という考

え方だ。そもそもの話として、少子化が進んでいるという社会構造が大きく影響している。受験生の絶対数が少なくなり、女子だけ集めても定員を充足できない、という近い将来への対応策だ。大学業界では、女子大学の共学化で成功したというビジネスモデルがある。2003年、武蔵野女子大は武蔵野大に名称変更して翌年、共学化した。2002年武蔵野女子大の女子学生は3学部4090人だったのが、拡大路線を突き進めて2018年は9学部で女子学生は5199人（全学生8743人）となった。

2000年以降、共学化した大学は次のとおり。

北海道女子大→北海道浅井学園大（現・北翔大）、大手前女子大→大手前大、文京女子大→文京学院大、杉野女子大→杉野服飾大、就実女子大→就実大、美作女子大→美作大、京都橘女子大→京都橘大、東海女子大→東海学院大など。

さすがに歴史と伝統がある大規模女子大では共学化構想はまったく出てこない。津田塾大、東京女子大、日本女子大、ミッション系の3S（白百合、聖心、清泉）、大妻女子大、昭和女子大、実践女子大、京都女子大、同志社女子大、武庫川女子大、神戸女学院大は、未来永劫、女子のみの高等教育を続けると見られているが、どうなるかわからない。戦前の裁縫学校をルーツに持ち1964年に開学した文化女子大が文化学園大、カトリック系の東京純心女子大が東京純心大となり男子を受け入れたことに、伝統的な女子大関係者はショックを受けていた。

⑩施設、福利厚生面を充実させた

因果関係はよくわからない。2010年代半ば、明治大駿河台キャンパス・リバティタワーにパウダールームが設置された。それによって女子志願者が急増したという神話が、いまでも大学受験業界で伝わっている。パウダールームとは女子学生が化粧直しや髪のセットをできるスペースで全身鏡などもおかれている。「明治大パウダールームの朝夕はいつも女子学生が順番待ちしている」という話が出ているぐらいだ。一般入試志願者数で明治大が1位だったとき、パウダールームの存在が必ず話題に出たことで、他大学にも大きな影響を与えた。中央大、金沢工業大、宮崎産業経営大、東京経済大、札幌大、京都産業大などにパウダールームが設置される。大阪樟蔭女子大は女子学生のアイデアを採り入れた。平成国際大には簡易ベッドが並んでおり睡眠をとれる。東京経済大、金沢工業大のように女子学生が少ないところでのパウダールーム設置は、女子募集への強い意志が感じられる。

⑪難関大学志向が強まった

「女の子はまじめでこつこつ勉強するので成績が良い」という神話がある。現象面で見ると心当たりが多い方がたくさんいるだろうが、科学的に証明できるテーマではない。だが、現実のデータを見ると、1990年代後半から今日にいたるまで、難関大学の女子学生比率が高くなっている（表16）。

・表16　おもな大学の女子学生比率の推移

年	東京大（%）	京都大（%）	慶應義塾大（%）	早稲田大（%）
1993	14.7	13.5	24.0	21.1
1996	15.9	15.3	26.5	22.8
1999	17.3	17.6	28.1	24.8
2002	17.7	18.7	30.5	27.2
2005	19.3	20.0	31.5	30.1
2008	19.1	21.3	32.6	33.7
2011	18.7	22.2	32.4	34.8
2014	18.7	22.2	34.2	36.1
2017	19.4	22.4	36.5	37.5

年	南山大（%）	同志社大（%）	関西学院大（%）	西南学院大（%）
1993	53.8	26.1	31.8	41.5
1996	55.9	29.1	34.9	47.5
1999	54.9	31.9	38.9	54.7
2002	55.9	34.2	41.2	59.1
2005	55.6	36.5	42.5	58.6
2008	54.4	36.7	43.3	57.8
2011	54.8	37.0	45.7	58.3
2014	55.0	39.7	47.8	58.6
2017	55.6	42.3	48.8	57.6

出典：『大学ランキング2019』（朝日新聞出版 2018年）

早稲田大は2000年代に第二文学部が文化構想学部に生まれ変わり、スポーツ科学部、国際教養学部を設置した。こうした学部は女子を魅了している。また、2012年には「Waseda Vision150」という長期計画を打ち出し、2032年の数値目標値として女子学生比率50％を掲げている。現状には満足していない。

慶應義塾大では湘南藤沢キャンパスに女子が集まった。また、2001年設置の看護医療学部、2008年に共立薬科大との合併によって設置された薬学部は、もともと女子学生が多く集まる学部ゆえ、女子比率を高める要因となった。

早慶の既存学部である政経、経済、法、商などに女子が増えている。その理由の1つに、いずれもAO入試、推薦入試での受け入れを増やし、成績優秀で意欲的な女子が入学したこともあげられる。

おもな大学の女子学生数、比率を表にまとめた（表17）。

上智大は理工学部の女子比率が3割程度なので、それが5割になれば、全体の7割が女子になってしまう。大学からすれば歓迎できる話ではないという。「このまま女子が増えれば、女子大になってしまう。男子学生がいないと活気づかないし、一部上場企業への就職実績も良くならない」と、能天気に語る大学教員がいる。男尊女卑観から解かれない発想である。

⑫親の意識が変わった

・表17　おもな大学の女子学生数、比率(2018年)

大学	人	%
明治学院大	7,485	61.5
上智大	7,532	59.9
西南学院大	4,783	57.4
南山大	5,352	56.0
成城大	3,335	55.1
立教大	10,483	54.0
学習院大	4,730	52.1
立命館アジア太平洋大	2,923	51.9
青山学院大	9,069	50.6
関西学院大	12,043	49.3
愛知大	4,523	46.8
獨協大	4,165	46.3
佛教大	2,894	45.9
成蹊大	3,352	44.7
国学院大	4,432	44.1
東洋大	11,982	43.7
甲南大	3,787	41.6
亜細亜大	2,756	40.7
関西大	11,725	40.6
福岡大	7,545	40.5
筑波大	3,975	40.1
中京大	4,846	39.3
駒澤大	5,732	39.2
龍谷大	7,485	38.0
中央大	9,312	37.9
法政大	10,983	37.8
早稲田大	15,196	37.6
立命館大	12,090	37.1
慶應義塾大	10,532	36.7
専修大	6,325	36.4
明治大	10,838	35.3

出典：『大学ランキング2020』(朝日新聞出版 2019年)

少子化によって親の側から、教育投資で性差別はなくなった。子どもに対するお金のかけ方に男の子だから、女の子だから、という差別的な考え方はほとんど見られなくなった。たとえば、「女子は大学へ行く必要はない。就職して早く結婚しなさい」と諭す親は少なくなっている。反対に、高校、専門学校、短大卒の親が「自分は学歴で苦労したので、娘には四年制大学に行ってほしい」と願うケースが見られる。その結果、女子学生が増えた。都市部で難関大学進学につながる私立中学への受験熱が依然として高く、そこに性差はあまり見られない。それは、女子への教育投資が増加、女子に四年制大学に行かせたいという親の教育方針に要因があると見る塾関係者は多い。

⑬企業の採用状況など社会構造の変化

企業が大卒女子の採用に力を入れている。就職活動ではまだまだ不利な女子学生だが、少しずつ女性が活躍できる環境を整えた企業が増えている。「少子化で優秀な人材を1人でも多く採りたい。女性でもいい」という、採用側に女性蔑視が見え隠れするケースもある。だが、人材育成、人材活用で性差別を行うと、たとえば、女性の管理職登用を妨げるようでは、会社は発展しないと考える経営者もいる。こうした職場環境の変化によって女性の活躍が可視化されつつあり、女子高校生が将来に対して夢やヴィジョンを描いて、その一歩として大学へ進むようになった。

以上、女子学生比率が高まった要因、背景、そして特徴をまとめてみた。

「女子大生ブーム」と言われた１９８０年代半ば、女子の進学率は12〜13％台だった（なお、繰り返すが、「女子大生ブーム」を短大生が担っていた部分はかなりあるが、本書では四年制大学の女子学生を対象としている）。つまり、20歳前後の同世代女性からすれば、女子学生は少数派だったゆえ、「ブーム」を形成したともいえる。ところが、２０１０年代、女子学生が4割を超えて少数派の存在でなくなった。20歳前後の女性の半分近くは女子学生であり、めずらしがられることもなくなった。ただし、難関校、伝統校といわれている——国公立大学、早慶ＭＡＲＣＨ、日東駒専、関関同立、産近甲龍など、もともと男子が圧倒的に多かった大学の女子学生が目立つ振る舞いをしたことで、稀少性を持ち得たという側面はあった。

東京大の女子学生比率が20年以上伸びない

ところが、キャンパスに女子が多くなったというトレンドに全くついていけない大学がある。東京大である。戦後の推移を表で示した（表18）。

受験データから見てみよう。２０１９年、東京大合格者のうち女子比率は16・９％（５３８人）だった。16年18・９％（５８６人）、17年19・８％（６０９人）、18年18・８％（５８０人）だっ

・表18　東京大学の女子学生数、女子学生比率の推移

年	人	%
1952	168	2.1
1966	388	3.7
1977	824	5.7
1986	1,051	8.6
1994	2,531	15.5
1996	2,594	15.9
1999	2,745	17.3
2001	2,715	17.5
2004	2,808	18.9
2009	2,671	19.0
2011	2,637	18.7
2014	2,584	18.7
2019	2,707	19.3

出典：『東大広報』（東京大学）、『大学ランキング』（朝日新聞出版）から集計

たので、16〜18年の3年間に比べ落ち込んでいる。

東京大は、2000年代はじめから女子を増やそうと意気込み、学内には男女共同参画室をつくり、さまざまな政策を打ち立てた。女子だけの大学説明会、東京大女子学生の母校訪問、最近では「男子差別」と批判された、女子に限った家賃援助などだが、効果は全く示されない、それどころか減ってしまった。

また、東京大は推薦入試で男子校、女子校はそれぞれ1人、共学校は男女1人ずつ2人という、どう考えても「女子枠」と見えるような制度を設けたが、増えなかった。

恥ずかしい。東京大はそう思っている。

世界の名だたる大学の女子比率をみると、ハーバード大49・9％、プリンストン大49％、スタンフォード大46・9％、マサチューセッツ工科大45・1％（以上、アメリカ）、オックスフォード大46・6％、ケンブリッジ大46％（以上、イギリス）となっている（——

２０１３年。東京大広報誌『淡青』２０１５年9月号）。それなのに、東京大は2割にも満たない。女子からよほど魅力がないのか、と思われても仕方ない。これでは世界大学ランキングの上位に顔向けできない。

優秀な生徒は男子のほうに多い、女子は東京大に入りたくても男子には勝てない、という見方がある。そこには、男子は体力があって徹夜で勉強をがんばれるから、という非合理的なもの言いがある。だが、こんなマッチョ的な理由付けでは、学業成績に男女の差があることを合理的に説明できない。

となれば、ジェンダーの問題が出てくる。性による役割分担の押しつけで東大への道が開かれていないということ。たとえば、「女が東大へ行くなんて、なんて男勝りな……」だが、こんな考え方も、１９９０年代にはだいたい一掃されたはずである。実際、１９８０年代以降、男女雇用機会均等法の制定など、男女共同参画社会が少しずつ浸透し、企業も役所も女性管理職が増えた。でも、東大だけは置いてきぼりにされている。

東京大に女子が増えない有力な理由として、①女子の医学部志向が高まった、②地方の優秀な女子が地元に残った、③東京大ブランドへのこだわりがない、④東京大に魅力を感じず、人気がない、⑤東京大に進んだ高校の先輩女子から「東大はやめたほうがいい」と言われた、などがある。

東京大の女子不人気説について、東京大女子に話を聞いてみた。まず女子学院ＯＧの話。

「はっきり言ってつまらない。やる気がある女の子はみな東大に失望している。授業が全然白熱しない。男子は受験秀才かおたくばかりで実りがない。授業のシステムにも問題がある」

東京学芸大学附属ＯＧは真剣に再受験を考えている。

「東大は教員も学生も英語はできるけれど中身が国際化していない。うわべだけのディスカッションになる。ＩＣＵの話を聞くとうらやましく、東大に入ったことを後悔している」

桜蔭ＯＧにも失望派がいた。

「男社会の体質が抜け切れていないので、女子が隅っこに追いやられている感じで、ちっともいきいきとしていない。自分を思い切り主張できない。殿方からの視線がうっとうしい。もっとフラットに付き合えないものか。後輩には勧められない」

東京大女子がすべてこんな見方をするとは思えない。だが、ネガティブな捉え方は教師や後輩に伝わってしまう。それも女子が増えない一因となっているとしたら、残念な話である。単に捉え方の問題に収斂されないために、東京大は、なぜ女子に不人気なのかを真剣に検討すべきである。

ところで、東京大は同大学の女子学生を受け入れないサークルがある。大学もそれを認めており、南風原朝和理事・副学長（学生支援担当）が「学生のみなさんへ」で改善を求めていた。「残念なことに、学生団体の中には、本学学生が加入を希望しても、性別、国籍、年齢等により、入会資格等に制限を加えている団体も見受けられるとの報告があります。（略）その在り方を改めて確認し、４月以降の新入生への勧誘活動や自主的・自律的な活動に活かされていくことを望んでおります」（——２０１６年3月16日）

東京大の女子学生を排除する言い分は「他大の女子が大勢いる中、東大女子が少数いてもなじめなさそう」「ただ入れない理由を聞かれたとしても、伝統としか答えられません」（——東大新聞オンライン２０１９年3月７日）というものだった。男子学生のこうした身勝手な理屈そして閉鎖性が、東京大が女子から嫌われてしまう遠因になっているのではないか。

東京大の入試事務室、男女共同参画室が作成した女子高校生向けの大学案内『Perspective』では、東京大を語る女子学生が何人か登場している。このなかで、彼女たちの出身校まで記されている。後輩へのアピールを意識したものだろう。北から、宇都宮女子、東京学芸大学附属、渋谷教育学園幕張、日本女子大学附属、平塚江南、長野、滝、大阪教育大学附属池田、智辯学園和歌山、岡山朝日、佐伯鶴城（２０１４年度）。

東京大が自ら在学生の出身校を公にした文書は他に見たことがない。個人情報などを理由に合格者の出身校をいっさい明かさないのに、女子だけは特別扱いである。危機感の表れである。

自分が女性であることに縛られている言動が見て取れる

東京大が女子学生を増やそうとしているのは、国の政策が反映されてのことと言っていい。

就職面でもそうだ。男女共同参画社会を出現するために、女子学生がキャリアを積み、スキルを磨くことを国は求めている。国の女性政策は、国レベルで女性を1つの枠に入れ、生き方を諭す提示がなされている。このなかには、ワークライフ・バランスの視点で、子育てしながらキャリアを積むという人生設計が描かれる。いま、大学ではその政策に沿って、就職ガイダンスなどで職員やOGがキャリアプランとして、女子学生に仕事と子育てを両立させることのすばらしさを訴えている。

だが、これはどうなのだろうか。結婚、出産、子育てはあくまでも女子学生個人の選択の問題である。仕事をしながらの子育てというのは、キャリアプランの1つであり、すべてではない。女子学生はこうした「プラン」に振り回されるより、自ら考えて将来を模索していったほうが健全であろう。

2010年代の女子学生について、立教大教授の香山リカは次のことが気になっている。

「自分が女性であることに縛られている言動が見て取れます。講義やゼミの発言で、ことさら女性であることを理由とする言い方が目立つようになりました。たとえば、『わたしは女性なので、ピンク色の研究をしようと思う』『わたしは女の子だから、ディズニープリンセスが大好きなので、調べてみたい』と無自覚に口に出てしまう。『それは、女性だから、とは関係ないよ、ものごとに対してもっと客観視、対象化したほうがいい』と助言しても、最初はピンとこなかったようです」

１９８０年代に男女雇用機会均等法施行の前後、女性たちは社会のなかで自分たちが多くの差別を受けてきたことに反発し、いくつかの権利を勝ち取ってきた。これまで女性が就けなかった職種や業種、昇進や昇給、管理職への登用など、２０００年代に入ったところで、少しずつ改善されてきた。もちろん、いまでも女性に対する差別は厳然と存在する。しかし、以前に比べれば、女性がハンディとなる制度や慣習は少なくなった。

いまの女子学生はそんな時代を生きてきた。実際、小中学校、高校、大学において、たとえば、男子が委員長で、女子は副委員長という、男性優位の構造を体験した者は減りつつある。家庭科も男女一緒に学んでいる。このように、建前として男子と女子はフラットに扱われるようになり、性で役割分担を押しつけられることは少なくなった。だが、これによって女子の意識は劇的に変わったかと言えば、そうでもない。香山はこう警鐘を鳴らす。

「なぜ、女子学生が『女性だから』と自ら縛ろうとするのだろうか。ジェンダーに関わるような話がしにくくなっているからかもしれない。『男は男らしく、女は女らしくのどこがいけないのか』『専業主婦の価値を認めなさい』という物言いに代表される、ジェンダーに対するバックラッシュ（反動）が幅を利かせてしまったことで、男尊女卑的な考えがすり込まれたのではないだろうか。いま、女性がかつてのようなひどい差別を受けることが少なくなったのは、自然の流れではなく、先人の活動で獲得されたものである。そのことを忘れないでほしい。放っておけば、ほんとうに男尊女卑的な社会が復活する危険性がありますから」

女子学生はこれまでのようにあからさまな形での差別を受けることは少なくなった。しかし、著者自身も含めて、無意識や習慣の中には性差意識や性差別の構造は依然残っている。そこから脱却するために新たな取り組みを考えなければならない。最近、一部の女子学生の行動、たとえば性暴力に抗議する運動参加から、女子学生があらためて社会と向き合い、闘いはじめたという徴候が見えてきた。これは応援したい。

性暴力、セクハラを追放しなければならない

「女子学生の歴史」の最後に触れるのが、残念ながら、女子学生が被害者となった犯罪についてである。

2000年代、男性教授、男子学生による女子学生、一般女性に対する性暴力事件は止むことはなかった。

2003年には早稲田大スーパーフリー事件があった。2005年12月には京都大学のアメリカンフットボール部（京都大学ギャングスターズ）の男性部員3名人が酒に酔った女子学生2人に集団強姦事件を起こした。大学は加害学生を放学処分としている。

2009年、京都教育大で男子学生6人が1人の女子学生に集団強姦したとして逮捕されたが、不起訴処分になっている。この事件の責任をとって、当時の学長が辞任している。

一方、この頃、大学教員によるセクハラ事件も明るみになった。その1つの契機と言えるのが、1999年、東北大のセクハラ裁判である。同裁判では男性助教授と女子大学院生のあいだで起こったセクハラ事件が争われていたが、被害者側大学院生の全面勝訴となった。裁判では助教授は「2人の関係は女性側の自由意思で始まった恋愛だった」と主張するが、「助教授は、女性が指導の放棄を恐れているのに乗じて性的言動をエスカレートさせた」と退けたのである。そして、「教育上の支配従属関係を背景にして女性に不快感を与える言動をとるなど、多大の精神的苦痛を与えた」とする判決を下した。画期的と評されている。

2000年代に入ってセクハラはなくなることはなかった。たとえば、2007年に次のようなセクハラ事件、大学側の処分を見ることができる。

信州大准教授、セクハラで諭旨解雇
愛知大教授、セクハラで諭旨解雇
東京音楽大教授、セクハラで懲戒解雇
静岡県立大助教授、セクハラで懲戒免職
三重大准教授、セクハラで解雇
島根大准教授、セクハラで処分
神戸女学院大教授、セクハラで処分
名古屋大助教授、セクハラで15日間出勤停止

静岡県看護大教授、セクハラで停職3カ月
東京芸術大教授、セクハラで停職1カ月
京都大教授、セクハラで停職

このなかにはメディアでよく名前が知れ渡っている教授がいた。

2010年代、男子学生による性暴力、男性教員からのセクハラはいくつも報じられた。

2016年、千葉大医学部で学生らが集団強姦致傷事件を起こしている。徳久剛史学長（当時）がウェブサイトで声明を出している。

「当該職員の行った行為は、ひととして、また医師としてあってはならないものであり、厳しく処分をするべく直ちに懲戒委員会を立ち上げました。被害にあわれた方を深く傷つけたこと、心よりお詫び申し上げます」――2016年12月6日

同年、東京大の学生が強制性交容疑で逮捕された。五神真総長が次のような見解を示している。

「本学の学生が集団で起こした事件について

本年5月、本学学生5名が他大学の女子学生1名に対する強制わいせつの容疑で逮捕され、内2名が強制わいせつ及び暴行、1名が強制わいせつの罪でこのほど有罪の判決を受けました。当該学生らの行為は、被害にあわれた女性に大きな苦痛を与え、その尊厳を深く傷つけるものであり、決して許されるものではありません。東京大学のサークルのイベントと称する場

で、高い倫理観と社会的常識をそなえているべき本学の学生が、かかる反社会的で恥ずべき行為を集団で行なったことを、総長としてまことに残念に思います。（以下、略）２０１６年11月10日　東京大学総長 五神 真」

なお、作家の姫野カオルコはこの事件をモチーフにした小説『彼女は頭が悪いから』（──文藝春秋　２０１８年）を発表している。同書に対して、「東大生として共感できない」「東大への誤った認識を生む」と感想を抱いた東京大生もいた。姫野はこう話している。

「まだ年若い現役学生の中には、この本を読んで『東大が悪く言われている』と嫌な気分になったり、腹を立てたりする人がきっといるだろうと思っていました。どこの大学であろうが、若い頃というのは『木を見て森を見ず』に陥りがちです。この事件そのものが良くない事件である以上、加害者の東大生の凶悪性も描かれているので、自分のことを言われているように感じてしまう若い興奮が起こるだろうと。もし森が見えずにそうなったのなら、私の顔写真をプリントアウトして釘を刺すなり叩きつけるなりしてください（笑）」──東京大学新聞２０１９年2月7日

２０１６年、ミスコンを主催する慶應義塾大広告研究会が集団強姦事件を起こしたが、被害女性の告白もあって、週刊誌やテレビでセンセーショナルに報じられた。逮捕者は出さなかったことで、大学は事件の経緯、見解を示さなかった。大学での調査も徹底させなかった。このとき、ウェブサイトでこう記している。

「捜査権限を有しない大学の調査には一定の限界があります。一部報道にあるような違法行為に関しては、捜査権限のある警察等において解明されるべきであると考えます。大学としては自ら事件性を確認できない事案を公表することはできず、したがって、一部報道されているような情報の『隠蔽』の意図も事実もありません」――2016年11月21日

2018年、慶應義塾大は性暴力を含めた不祥事にまみれた。男子学生が3カ月のあいだで5人逮捕されたのである。1つの事件ではない。4つの別々な事件だ。9～11月で、大麻取締法違反、電車内で痴漢をしたあと線路に降りて逃走した東京都迷惑防止条例違反と威力業務妨害の疑い、準強制性交の疑い、準強制わいせつと昏睡強盗である。

慶應義塾はウェブサイトでこう声明を出した。

「学生の逮捕について

本大学の学生が逮捕されるという事案が、複数件発生していることは誠に遺憾です。今後大学としても各事案について事実関係を確認し、厳正に対処する所存です。また、一部の学生の不祥事によって、多くの方々に多大なご心配とご迷惑をおかけしていることは慚愧に耐えません。言うまでもなく、犯罪は断じて許されない恥ずべき行為であり、慶應義塾の気品を損ね、多くの方々の慶應義塾への信頼を裏切る行為です。塾生諸君には、『気品の泉源』『智徳の模範』を標榜する慶應義塾の塾生であることを自覚して、責任ある独立した個人として行動し、勉学に励み続けることを心から望みます。慶應義塾」――2018年11月20日

慶應義塾大の学生はこんな恥ずかしい事態に黙っているわけにはいかなかった。学生有志が集まり、2019年、「Safe Campus Keio」を結成し、性暴力、性差別をなくすための取り組みを進めている。次のような声明を出した。

「慶應義塾大学は、キャンパスにおいて学生が安心して生活を送ることができるよう、性犯罪の防止に取り組む意思を明示的に示してください。学生に対して性犯罪を防止するための啓蒙・教育活動を行なってください。具体的には、新入生や在学生に向けたガイダンスに性犯罪の防止に関する具体的な内容を盛り込んでください。また、『飲酒に関する注意喚起』と同様に、定期的に『性犯罪を防止するための注意喚起』を実施してください」

2018年、早稲田大文化構想学部教授が教え子にセクハラを繰り返したとして解任されている。教授は著名な文芸評論家だった。同大学ウェブサイトはこう伝える。

「このたび、深刻なハラスメント行為が発生したことは誠に遺憾であり、本件に関し直接ご迷惑をおかけした申立人およびその関係者はもちろん、授業などにおいて少なからず影響を受けた学生の皆様に深くお詫び申し上げます。本学といたしましてはこの事案を真摯に受け止め、ハラスメントに関する啓発活動をさらに徹底するとともに、再発防止に向けた取り組みを一層強化してまいります。早稲田大学」——2018年7月27日

2010年代から2020年代へ、キャンパスから性暴力、セクハラを追放しなければならない。女子学生が安心、安全な教育環境で学ぶために、そして、女子学生の闘いを少しでも減

らすためにも。

第8章
ミスコンと読者モデル
華麗な舞台の実像と虚像

女子学生の歴史を振りかえるなかで、彼女たちが華やかな舞台に立つシーンがある。たとえば、大学祭で行われるミス・コンテスト（ミスコン）、ファッション誌などの読者モデルだ。本書のテーマである「女子学生はどう闘ってきたか」からは関連性が薄いと思われるかもしれない。しかし、ミスコン、読者モデルを掘り下げると、女子学生なりに闘っている姿を見ることができる。両者に共通するキーワードがある。自己表現だ。「美しく見せたい」「かっこよくありたい」と努力する。だが、そこには第三者がジャッジする「美」という基準があることで、強く批判にさらされる。外見で優劣、序列をつけて選んではいけない。女性を商品とみなしており、女性差別につうじる。これは、「女子大生ブーム」のときにさんざん問われたテーマである。性風俗、ヌード、セックス体験告白が、商品として消費されるのは、女子学生を蔑ろにするもの、という観点から、女子学生はミスコン反対でも闘ってきた。

そこで、本章でぜひ問題提起しておきたい。ミスコンと読者モデルは大学という学問の場にそぐわないのか。華やかな舞台に登場するのは自己表現の1つ、というのはこじつけなのか。所詮は商品化につながっていくのか。

まず、ミスコンから考えてみたい。

水着姿になれば上位に入賞させるというセクハラ、パワハラ

大学のミスコンはいつごろから始まったのだろうか。

たいていは大学祭がミスコンの舞台となるが、各大学にその記録はあまり残されてはいない。「ミス○○大学コンテストに選ばれた」という証言を探っていくと、大学のミスコンの嚆矢となるのが、1950年代半ばの立教大であろうか。

女優で元NHKアナウンサーの野際陽子が「ミス立教」だったという記事がいくつか見られる。立教大で野際の1学年上だった東海林のり子がこう話している。

「2年の時に、目のさめるような美人が入部してきた。後に女優となる野際陽子だった。切れ長の目、すっと通った鼻筋。『ミス立教』になるほどの知的美人だった。なので、他の学生からしょっちゅう言い寄られたりもした」——朝日新聞デジタル2019年12月18日
野際が立教大に入学したのは1954年、1958年卒業なので、それまでに「ミス立教」になったと思われるが、詳しい資料はない。だれが主催して、キャンパスでどのような舞台が設定され「ミス立教」に選ばれたのかわからない。

その後、70年代後半まで、大学ミスコンがメディアで報じられることはなかった。だが、「ミス○○」だったという話は伝わる。このなかには、大学祭で学生が勝手に投票して選んだ

ケースも含まれていた。ミスコンについて、女性差別、女性商品化という批判の声は上がっているが、主催者、反対者が議論、衝突したりすることはなかったようだ。

一方で、大学横断型のミスコンは、１９７０年代半ばに行われている。

１９７４年10月、都内でミスキャンパスコンテストが開催された。仕掛けたのは慶應義塾人の男子学生である。現在、彼はイベント会社を経営しており、同社のウェブサイトでこう自己紹介している。「日本で初めて『ミスキャンパスコンテスト』を企画・実行しました。フジＴＶの放映を取り付け、食品メーカーから１０００万円近い協賛金を集めるという形で段取りを進め、全国１００の大学からそれぞれの『ミスキャンパス』を集め、高田馬場のBig Boxで開催、成功させました」

ところが、同コンテストでは参加女子学生の多くからたいへんな怒りを買ってしまう。水着に着替えさせて審査を行おうとしたからだ。メディアがこう伝えている。

「水着になるならないで、参加者全員が猛烈な拒絶反応を示したミスキャンパスコンテスト。『なんとかビキニを着けていただけませんか?』と、懇願する一幕もあって最終審査に残った10名のうちめでたく脱いだ4名がめでたく?上位入賞。水着にならないミス・コンなんて現代女子学生のヒジョーシキ」――『週刊ポスト』１９７４年11月8日号

主催者を代弁して「ヒジョーシキ」と書き殴る記者も女子学生を見せ物扱いでかなりひどい。女性誌も取り上げていたが、こちらも問題意識はかなり薄い。

「意外や、決戦には東大・聖心などお堅い学校も進出。いつ水着になるの　ヤダあ！と大モメになったミス・キャンパス・コンテスト。Tシャツでもいいと主催者を譲歩させて進行。魅力は1位にパリ旅行などもりだくさんの副賞」――『女性自身』1974年11月7日号

同コンテストは1位聖心女子大、2位フェリス女学院大、3位立教大、4位駒澤大、5位東京女子大、入賞が成城大、東京大だった。なお、4位までは水着になったから選ばれたという事情があった。

1974年、女子学生が水着で舞台に立つことに、しっかりノーと言えたのは、ミスコンそのものが女子学生に身近なものではなかったこと、水着といえどもそして衆人環視で肌を見せることに大変な抵抗があったからだろう。水着になることを聞かされていなかったというだまし討ちと受け止めての怒りが大きかったようだ。水着になれば上位に入賞させるという発想は、権力関係で優位に立つ主催者側のセクハラ、パワハラといっていい。ミスコン参加者は言いなりになるはずという思い上がりから、女性を「売り物」と捉えているメンタリティがある。

性的対象物であるという歴史的な男性中心の論理

1970年代後半、いくつかの大学でミスコンが開催されたが、当時、拡がっていたリブ運動の影響で文字どおり、糾弾、粉砕されるケースがあった。

1978年、名古屋大では大学祭で予定されていた「ミス・キャンパスコンテスト」が、女性問題研究会からの強硬な抗議を受けて中止となった。同会はミスコン反対の理由をこう訴えている。

「出場した女性に賞品を与えることで女性を商品化し、しかもそれが男性にとっての商品、見せ物、人形であることは女性が男性にとっての性的対象物であるという歴史的な男性中心の論理をそのまま受け継ぐものである」

「どうしてコンテストになったのか、その必然性について彼らは何も答えられない。何となくとか、人目を引くとか、はなやかさなどの言葉は、彼らがコンテストを企画した時点で、女性差別の問題を真剣に考えていないばかりか、自らの差別意識にのっかったに過ぎないことを見事に露呈している」――いずれも『週刊朝日』1978年6月23日号

1980年代に入っても、大学でのミスコン開催には反対する人たちが少なからずいた。婦人問題研究会、女性問題研究会などのグループが抗議して、ミスコンが中止になるケースがあった。

1987年、東京大駒場祭で「東大生GALコンテスト」が開かれようとしたが、反対派が乱入して主催者側と乱闘になった。東京大学新聞がこう伝えている。

「開会後しばらくして、急に会場内の照明が消され、数ケ所で爆竹が鳴らされ、様々な姿に変装して花火のようなものを手にした学生がつぎつぎと舞台にあがった。主催者側と合わせて約

四十人が舞台上で乱闘状態となり、会は中止となった。乱闘の中で、水をかけたりイスを投げた者もあった」――1987年11月24日

コンテストに反対したのは、「全ての差別に怒る弁天の会」を名乗るグループで、女性差別であり男性本位の競争をあおるもの、と批判している。

ミスコンは女性差別と批判するにあたって「男性優位の社会」「男性の慰みもの」「性的対象物」「商品化」「見せ物」などという言葉が使われたが、1980年代から1990年代にかけて、こうした批判には、ミスコン参加の女子学生から「商品化なんて失礼」「自分を磨きたいから出ている」と反発されることもあった。

1980年代、大学はレジャーランドと称されていた。キャンパスではサークル活動が盛んになり、勉強よりもアルバイトをして旅行、テニスやスキーを楽しむ。合コンですてきな相手を探す、という風潮が蔓延しつつあった。学生ビジネスが生まれ、そのなかでいくつかの大学でミスコンが生まれる。1984年の『オールナイトフジ』放映で火が付いた「女子大生ブーム」は、ミスコンにとっては追い風となったと言えよう。ミスコンに出たいという女子学生が増えたのだから。

「ミス慶応」からアナウンサーという既定路線

大学ミスコンの象徴的な扱いをされたのが、「ミス慶応」であろう。のちにメディアの注目度が高まり、アナウンサーなど著名人を多く輩出する。そして、不祥事に見舞われるなど話題に事欠かない。

学生が作る慶應塾生新聞でミスコンの歴史を調べてみた。

１９８２年、慶應義塾大の三田祭で「ミス慶応」が中庭ステージで行われている。それ以前、同新聞には「ミスター慶應」は触れられているが、「ミス慶応」について記述はない。だからといって、１９８０年代より前、「ミス慶応」がなかったとは断定できない。きわめて小規模、内輪で行われていた可能性があるからだ。だが、いまのような形式、規模で「ミス慶応」が始まったのは１９８０年代前半と考えていい。

１９８３年になると「ミス慶応」が３つ開かれており、中庭ステージでもっとも規模が大きいミスコンでは、芸能人の武田久美子、秋本奈緒美がゲストとして呼ばれている。

１９８４年、『オールナイトフジ』が放映されているさなかにあって「ミス慶応」はより華やかになった。ゲストにおかわりシスターズが来ている。

１９８６年、「ミス慶応」には山瀬まみ、西村知美が呼ばれている。

１９９０年代、「ミス慶応」はますます華やかになっていく。大学のミスコンにスポンサーが付き、大金を手にする学生が出てきた。

そして、このころから、ミスキャンパスがアナウンサーの登竜門という位置付けになりつつあった。１９９０年代から今日にかけて、慶應義塾大、青山学院大、立教大、上智大のミスコン入賞者を表にまとめた（表19）。

２０００年前後の「ミス慶応」はのちにアナウンサーとなっている。慶應塾生新聞が次のように紹介する。

・**1999年　中野美奈子**（商学部2年）→フジテレビ

「彼女の理想の女性像はフジテレビの安藤優子アナウンサーと、自分の姉だという。『芯がしっかりしていて、急なアクシデントにも動じない女性になりたい』」――１９９９年12月5日号

・**2000年　鈴江奈々**（経済学部2年）→日本テレビ

「ミス慶応になった感想を聞かれると『正直、まだあまり実感がわきません。でも、いろいろな人と知りあいになれてとても楽しかったです』」――２０００年12月5日号

・**2001年　青木裕子**（経済学部1年）→ＴＢＳ

「ミスに輝いたそのときをふり返ってもらうと、『すごく緊張していて、よくわからない

・表19　大学ミスコン入賞者でアナウンサーになった人たち

・慶應義塾大

名前	ミスコン入賞年	就職先
小川知子	1991	TBS
與芝由三栄	1995	NHK
小野寺麻衣	1995	日本テレビ
中野美奈子	1999	フジテレビ
鈴江奈々	2000	日本テレビ
青木裕子	2001	TBS
秋元優里	2002	フジテレビ
秋元玲奈	2004	テレビ東京
竹内由恵	2006	テレビ朝日
細貝沙羅	2008	フジテレビ
小澤陽子	2012	フジテレビ
桝田沙也香	2012	テレビ朝日
宇内梨沙	2013	TBS
角谷暁子	2014	テレビ東京
中川安奈	2015	NHK

・立教大

名前	ミスコン入賞年	就職先
野際陽子	―	NHK
豊田順子	1987	日本テレビ
本田朋子	2002	フジテレビ
久保田直子	2002	テレビ朝日
相内優香	2004	テレビ東京
伊東楓	2013	TBS
良原安美	2015	TBS

・青山学院大

名前	ミスコン入賞年	就職先
梅津弥英子	1996	フジテレビ
市川寛子	1999	テレビ朝日
森麻季	2000	日本テレビ
江藤愛	2006	TBS
田中みな実	2007	TBS
久冨慶子	2008	テレビ朝日
日比麻音子	2014	TBS
山本里菜	2014	TBS

・上智大

名前	ミスコン入賞年	就職先
米森麻美	―	日本テレビ
河野景子	1984	フジテレビ
西山喜久恵	1990	フジテレビ
豊田綾乃	1995	TBS
大橋未歩	1999	テレビ東京
杉浦友紀	2003	NHK
出水麻衣	2003	TBS
片山千恵子	2004	NHK
古谷有美	2008	TBS
内田嶺衣奈	2011	フジテレビ

うちに選ばれてしまいました。嬉しかったと言うより、びっくりしたという感じですね』」

――2002年1月10日号

このころ、「ミス慶応」はどのように決まっていたのだろうか。主催する広告学研究会の担当者が次のように話している。

「候補者は広研のホームページの告知と学内のポスター掲示によって募集しました。また、自薦、他薦だけでなく私達がスカウトした方もいます。それは四五月に行いました。そして、六月に日吉でお披露目イベント、七月には七夕祭への参加、八月には当サークルが経営している海の家でのイベントというように学内でのプロモーションを積極的に行いました。そして今年十月十六日、十七日は109でのプレイベントを開催しました。このプレイベントと三田祭での会場投票、Web投票、携帯での投票数によって『ミス慶応』は決まります」――2004年11月10日号

コンテスト自体も慶應義塾とは一切関わりがありません

2000年代半ば、「慶応ミスコン」には協賛企業がつき、ブランド力がどんどん高まって行く。年々、「ミス慶応」に与えられる賞品は豪華になり、高級外国車BMWの贈呈があった

と言われている。「ミス慶応」にどれほどのお金が流れているか。協賛金に加えて会場、賞品などを含めれば1千万円単位と推測された。ここまでくると、大学の一イベントとしては常軌を逸している。この異常なエスカレートぶりに主催者の感覚がおかしくなり、学生は常軌を逸した行動に出てしまう。

２００９年、広告学研究会の部員が駅構内で裸で走るなどして書類送検され、「ミス慶応」の開催は危ぶまれた。しかし、スポンサーから相当な支援を受けていたこともあって、中止にはできない。「ミス慶応」は行われた。広告学研究会については、良からぬ噂が広がっており、大学はかなり気にしていた。２０１０年は中止されたが、２０１１年に再開する。「慶応ミスコン」のブランド力は高まるばかりだった。「ミス慶応」のアナウンサー登竜門ぶりは変わらない。慶應塾生新聞からの紹介を続けよう。

・**2012年　小澤陽子**（環境情報学部3年）→フジテレビ
「自身を引き立てるのが苦手で自信がなかった自分を変える良いきっかけになると思い、参加を決めました」――２０１２年11月16日号

・**2013年　宇内梨沙**（文学部３年）→ＴＢＳ
「マスコミ関係の仕事を考えています。第一に何か地元に貢献したくてアナウンサーなど、多くの人の前に出ることで実現したいです」――２０１３年11月８日号

しかし、2016年、広告学研究会は女性部員に対して強姦事件を起こしてしまう。泥酔させられて集団で強姦、動画まで撮影されたと報じられる。

大学はこの事件を重く見た。広告学研究会に解散命令を出した。これによって、2016年のミスコンは中止された。2017年、学生有志で再開されることになる。

2019年、2つの団体が慶應ミスコンを企画したが、のちに一団体が取りやめるというゴタゴタがあった。大学もかなり気にしていたようだ。慶應義塾大はこんな告知を出している。

「『ミス慶応』等を標榜するコンテストについて
近年、学外において、『ミス慶応』あるいはそれに類する名称を掲げたコンテストが開催されていますが、それらを運営する団体は本学の公認学生団体ではなく、コンテスト自体も慶應義塾とは一切関わりがありません。
しかしながら、それらのコンテストには本学の学生も参加しており、一部報道に見られるようなトラブルも発生しています。本学はこうした事態を深く憂慮しており、状況によって今後の対応を検討していきたいと考えます。
塾生諸君へ　この件に限らず、塾生諸君には、さまざまなトラブルに巻き込まれることのないよう十分に注意するよう望みます。何か困ったことがあれば、所属キャンパス学生生活担当窓口に遠慮なく相談してください」――2019年9月30日慶應義塾大がミスコンについて公式に触れたのは初めてだ。大学としては、これまでミスコンを「一切関わりがありません」という立場から、無視していた。しかし、慶應のミスコンはブランド力を持ちすぎてしまった。大学教育や研究の中身よりも、大学があずかり知らぬ課外イベントのほうが社会的に注目されてしまう。おまけに週刊誌、ネットでネタになるような騒ぎを引き起こしてしまう。そのたびに大学へ問い合わせがくる。でも、対応のしようがない。

慶應義塾大はミスコンを無視したいところだが、そうもいかなくなったというのが、この告知から伝わってくる。「憂慮」という言い方には、「トラブル」を防ぐというリスクマネジメントが読みとれる。不祥事を起こさないようにと警鐘を鳴らしたといっていい。

人格を切り離し、都合よく規定された「女性像」で評価を行う

早稲田大はどうだったのだろうか。

1980年代から、「ミス早稲田」を決定するコンテストが開催されていた。水着審査を行うことでも知られていた。

2003年、早稲田大の学生サークル「スーパーフリー」による集団強姦事件が発覚する。同年、首謀者が退学処分となった同日、大隈講堂では、ミス早稲田キャンパスアイドルコンテストが開催された。同コンテストでは候補者7人が浴衣、水着で登場する。水着のまま「尻相

撲」を行い、「和田さんスーパーフリフリゲーム」という、スーパーフリー首謀者の名前を冠したゲームが行われた。腰に万歩計をつけて体をくねらして、10分間で万歩計の数が多かった候補者が優勝するというゲームだった。性行為を連想させることもあって、学内外で大問題となり批判が殺到する。大学は「事件を想起させる不適切な企画があった」として、これを機に「早稲田」と名のつくミスコンはいっさい禁止されることになる。学生部はこう話している。

「きちんとした審査員がいるわけでもなく、容姿で女性を選ぶのは、どんな口実をつけてもダメです」（――朝日新聞2009年11月6日）

2011年、国際基督教大でミスコン開催を予定していたが、「ICUのミスコン企画に反対する会」の批判もあって、中止となった。同会はこう訴えている。

「私たちは、人種的、身体的、階級的に画一的な女性の美のイメージの強化をもたらし、女性の性的対象化の道具として機能してきた歴史をもつミスコンに、そもそも反対します。ですから私たちは、ICUの外においても、差別的な電車のつり広告やミスコンに反対します。基本的な人権、および多様な人間のあり方が尊重される社会をめざす私たちは、当然ICUでのミスコン開催にも反対します」――「ICUのミスコン企画に反対する会」のウェブサイト

2019年、法政大がミスコン、ミスターコンに「ノー」を突きつけた。ウェブサイトで大学施設を使ったコンテストを認めないと、宣言している。

「本学では、2016年6月に『ダイバーシティ宣言』を行いましたが、ダイバーシティの基

調をなすのは『多様な人格への敬意』にほかなりません。『ミス／ミスターコンテスト』のように主観に基づいて人を順位付けする行為は、『多様な人格への敬意』と相反するものであり、容認できるものではありません。

また本学では、自主法政祭実行委員会（市ヶ谷地区）が大学祭に際して掲げてきた『基調・理念と諸問題』という文書の中で、『ミスコン』に対し以下のような見解を長年にわたって示してきました。

『ミスコン』とは人格を切り離したところで、都合よく規定された『女性像』に基づき、女性の評価を行うものである。

これは極めて先見性に富む見解であり、本学学生が主体的にこれを提示し、『ミスコン』の開催を認めない姿勢を貫いてきたことは本学の誇るべき伝統と言えるのではないでしょうか。

上記に鑑み、いかなる主催団体においても『ミス／ミスターコンテスト』等のイベントについては、本学施設を利用しての開催は一切容認されないものであることをご承知おきください」

——２０１９年11月29日

大学がミスコン、ミスターコン開催の是非について見解を示すのは、きわめてめずらしい。そもそも、コンテストは大学祭などで学生が企画、運営するものであり、基本的に大学側は口を挟んだりしないものである。

しかし、法政大は違った。法政大は「ダイバーシティ宣言」（——２０１６年6月8日）をいわば運用したのである。

同宣言には、「性別、年齢、国籍、人種、民族、文化、宗教、障がい、性的少数者であることなどを理由とする差別がないことはもとより、これらの相違を個性として尊重する」という一節がある。これに照らし合わせると、ミスコン、ミスターコンは「主観に基づいて人を順位付け」し、「相違を個性として尊重する」という理念に反しており看過できない。法政大はこう言いたかったのだろう。これは、ＩＣＵがミスコンを容認しない理由として掲げる「基本的な人権、および多様な人間のあり方が尊重される」という訴えに通じるものがある。

綺麗になりたいって一心で応募しました

大学のミスコンに対しては、１９７０年代から90年代まで「外見で判断するのは女性差別」という批判が強くあった。

２０００年代に入ってから、大学は多様性を尊重するという考え方が広がっている。女性だけでなく、性的少数者、年齢、国籍、人種、民族などによる違いで差別してはいけない、すべて尊重すべきである、という考え方だ。いま、多くの大学で教育理念や目標としてダイバーシティ（多様化）を掲げている。また、差別されることなく人権を尊重する、という姿勢を明確に示している。

こうした観点から、ミスコン批判が展開されるようになった。法政大、国際基督教大に象徴されよう。一方で、ミスコンは、「差別する意図はなく、人権も尊重しており、目くじらを立てるべきではない」という擁護論は少なくない。コンテスト参加学生のなかには、コンテストのために自分を磨き、入賞を機に華やかな舞台で活躍したいと望む者がいる。

甲南女子大の学生が卒業論文で「ミスキャンパスから見るミスコン　甲南女子大学のミスコンを巡って」（――２０１５年度）をまとめた。そのなかで、学生は関西のミスキャンパス出場者に出場のきっかけをインタビューしており、次のような回答があったことを報告している。

① アナウンサーを目指すためです。ミスキャンは、アナウンサーを目指す上での登竜門になると考えました。

② 前年度のファイナリストの方々が、ファイナリスト期間に凄く成長されていて、私もミスキャンにエントリーしたら綺麗になれるのかなと思って綺麗になりたいって一心で応募しました。

③ 元々人前に立って何かを伝えるということに興味があった。人前に立ってみることで変わった視点を得たかった。

④ 大学一年生のときにミスコンの司会を担当して実行委員の方と知り合い、その方から「次の年は出場してみたら？」と声をかけていただいたからです。

⑤　学生生活の集大成として、高い目標に向かって頑張りたかったから。友達が頑張っている
　姿を見て影響されました。

指導教員は、「成長」「変わった視点を得たかった」「学生生活の集大成」「高い目標」という言葉が目につくが、これは学生たちが就職活動の際に書くエントリーシートの内容と酷似している、と指摘している。

大学のミスコンの是非をめぐって、さまざまな議論がなされている。大学のミスコンに反対する理由として、外見による評価は女性差別である、大学という学問の場にはそぐわない、そして法政大や国際基督教大のように多様性尊重、などがある。

ところで、大学のミスコンを容認する理由としては、１９７０年代、80年代のような「女性差別」「商品化」という批判は支持を得られず有効性を持ち得ない、「美」を競うとしても外見以外の要素が入っているならば許容していい、キャリアアップのためにミスコンを利用するなら責められない、などがあった。

だが、法政大、国際基督教大のミスコン禁止は他大学にも大きな影響を与えている。

２０２０年4月、上智大ではコンテスト主催者が大学祭＝ソフィア祭でのミスコンを廃止すると決定し、次のような声明を出した。

「現状のミス・ミスターコンが孕む外見主義的な判断基準という問題や『ミス＝女性らしさ』

『ミスター＝男らしさ』という生の画一的な価値観の押し付けを助長するようなコンテスト名からしても、LGBTQや多様性という観点から批判を受けることは然るべきであり、致し方ないと言わざるを得ません。（略）このような状況を鑑みて、今年度からミス・ミスターコンを廃止する決断に至り、時代に沿った新たなコンテストを開催することになりました」――2020年4月1日　ソフィア祭実行委員会コンテスト局

東京大では、東京大学新聞がミスコン開催の是非を掲載している。反対側はこう訴える。

「女性は日々否応なしに外見や『女子力』などを男性に評価され、苦しむ人もいます。コンテストはこうした日常的な行為を大々的に学園祭の企画として行い追認するものです。（略）コンテストは支持者が男性であろうと女性であろうと、ある一定の『女性はこうあるべき』というジェンダー規範を再生産し社会に浸透させています。このジェンダー規範が多くの女性を傷つけているのです」――「ミスコン＆ミスターコンを考える会」

この主張について、「ミス東大」となった女子学生は次のような談話を寄せている。

「自分の人生を自分で切り開きたい人にとっていい機会だと思う。ミスコン自体は表面的な美の闘いだけではないと思う」

「わたしはそこまで細かく気にするタイプではないのでなんとも思わないし、興味がなかったらそもそも見ないので何の感情もわきません。ただ、ミスコンはやっぱり駒場祭を盛り上げる大きなイベントでもあると思うので、やった方がいいんじゃないかなと思ってます」――いず

れも『東京大学新聞』２０２０年４月７日号

東京大でミスコン反対の気運が高まり、このままいっきに廃止に向かえば、慶應義塾大や青山学院大でもミスコンの意義が問われ、開催は難しくなるだろう。近い将来、大学からミスコンがなくなる日が来るかもしれない。

準ミス日本に東京大医学部、「偏差値93・7」

大学のミスコンではなく、「ミス日本」といった多くの女性が応募するコンテストには大学生が入賞することが増えた。ここに東京大の女子学生が加わると、がぜん、注目されてしまう。

２０１９年、ミス日本グランプリは東京大理科Ⅲ類の女子学生が２人入賞した。

メディアはさっそく飛びついた。

「最高峰のミス日本グランプリに輝いたのは、東大理Ⅲの2年生、度會亜衣子さん（21）。『とにかく新しいことに挑戦するのが好き』と話す度會さんは、医学の勉強のみならず、大学に入ってからフランス語を習得したり、〃カナヅチ〃だった水泳を始めて４００m泳ぎ切るまで上達したりと、まさに努力家タイプ。（略）

もうひとりの東大理Ⅲ女子、高橋梨子さん（20）もミス日本『海の日』に選ばれ、『まさか先輩の度會さんと一緒に受賞できるなんて思ってもいませんでした』と満面の笑み。これまで

2人は学年やキャンパスの場所も違うため、ミス日本の勉強会でしか会わなかったというが、『晴れて2人で食事に行く約束をしました』(高橋さん)と嬉しそうに話した」――『NEWSポストセブン』2019年1月22日

2015年、準ミスユニバース日本に東京大医学部医学科3年の秋山果穂が選ばれた。そのときの報道を引用しよう。

「準ミス日本としての活動は年によって違うため、何をするかイメージはしづらいと言うものの、『医学生なので、医療関係で何か活動できたら。医療とコンテストを結びつけたりするのも良いかも』と期待は膨らんだ。大学受験では偏差値93・7もマークした才女で、『今でしょ!』が決めぜりふの林修先生が教壇に立つ東大特進コースでスタッフを務める」――『スポーツニッポン』2015年1月16日

偏差値90以上というのは、乱暴な計算をすれば、100点満点の試験で100点をとった。その試験の平均点は20点で、ほとんどが15~25点に集まっているケースである。「勉強しなさい」と言われなくても、秀才、天才は生まれるものだ。

秋山の東大医学部同級生に、2013年の「ミス東大」最終候補者の大筋由里桂がいる。現在、彼女はTBSラジオの金融経済番組『ビジネスクリック』のキャスターをつとめている。大筋も豊島岡女子学園高校から、現役で理Ⅲに合格した。志望理由、将来について、こう語っている。

「やりたいことが沢山あってその中の一つに医師があり、思い切って医学部に挑戦してみました。別に医師家系というわけではなかったので、一般企業に就職してキャリアウーマンになるのも憧れていました。英語が得意だったので国際関係の仕事をしてみたい気持ちもありました。専業主婦にも憧れがあります」――ウェブサイト『美学生図鑑』

写真週刊誌『FRIDAY』の表紙には、半年のあいだで2度も「ミス東大」という文字がでかでかと書かれていた。

「緊急撮り下ろし！　ミス東大100年に1人のスーパーSEXY」――2015年3月27日号

「100年に1人　ミス東大の超美脚少女」――2014年12月19日号

この「美脚」の持ち主は藤澤希美歌。東京大学新聞のインタビューにこう答えている。

「――いつ頃から東大受験を意識し始めたのですか？

高1の時の最初のテストが終わった頃ですね。そのテストが結構良かったんです。福岡県立修猷館高校というところにいたんですが、そこで成績上位の人は東大に行っていたので、『これなら私も行けるかも』と思うようになりました」――2015年2月23日号

「東大美女」はメディアに取り上げられやすい。

男性目線からの「天は二物を与えた」ことへの称賛なのだろう。世の多くの男性が抱く憧憬は歪んだコンプレックスの裏返しであろう。偏差値ではとてもかなわない。しかも「かわいい」「美しい」女性である。いったい、どんな育ちをすれば、こんなスーパー・ウーマンが誕

生するのか。そんな興味本位の心象を伝える側、それを読む側からうかがえる。「AVに出演した東大女子」への目線と通底するものはあるが、こちらのほうはさらに性的嗜好の対象として征服欲をはらむ歪んだコンプレックスと言える。「東大女子」への色メガネは、東京大に女子が多く入学する、東京大を頂点とした富士山型の序列を八ヶ岳にするしかないが、いずれも東大信仰が強いうちは無理だろう。

読者モデルが多い大学

続いて女子学生の読者モデルについて考えてみよう。

アナウンサーほどではないが、自己表現の場であり、芸能界を希望する女子学生にとっては1つのステップといっていい。

ファッション誌の女子学生読者モデルを大学別に調べてみた。ファッション誌は、『JJ』（光文社）、『CanCam』（小学館）、『ViVi』（講談社）、『Ray』（主婦の友社）の4誌を対象とした。最近16年間（2002年、2007年、2012年、2017年）の読者モデルランキングを掲載した（表20）。

読者モデルが、メディアの中でどのような見せ方をされているかをみると、「女子大生」ブームの時に行われた、女子学生の性のカタログ化を想起せずにはいられない。ただ、消費されるばかりでないのも確かである。

読者モデルになるためにはファッションのセンスを磨かなければならない。何を身につければ自分を輝かせることができるか。ＴＰＯを考えての試行錯誤の繰り返しは、知的作業の領分である。おしゃれに装うのは、自分を見る相手があってのこと。モデルにおける雑誌読者という枠にとどまらない。友だち、親戚、仕事関係の付き合いなどさまざまな人に見られる。そこでどのような印象を与えるかは、たとえば人間関係を築く、ビジネスを円滑に進める上で大きな要因となる。実際、身だしなみが洗練されることは就職活動にも役立つ。おしゃれは、ちゃらちゃら感だけで語れるものではない。ファッションは知的な営みともいえるからだ。そういう意味で、読者モデルも自己表現、自己実現のために「闘う女子学生」の仲間に入れていい。

読者モデルの女子学生の特徴を大学ごとにまとめてみた。

たまたまおしゃれが好きな女子学生が集まったという偶然性で解き明かされるものではない。何年もその大学に読者モデルが多かった、大学のロケーションがおしゃれの情報発信地に近い、おしゃれにお金を使える高所得者層の子女が多い、などが言えるだろう。

２００２年、ダントツの1位の甲南女子大は、04年まで3年連続1位を保っていた。昔から読者モデルが多い神戸という地域性によるものだろう。１９７５年に『JJ』は創刊されたが、翌年の『JJ』にはすでに甲南女子大の読者モデルが出ており、以後、大学特集では必ず西の「おしゃれ大学」として甲南女子大が登場した。

2012年

順位	大学	人
1	神戸松蔭女子学院大	181
2	青山学院大	178
3	中央大	162
4	立教大	160
5	早稲田大	150
6	武庫川女子大	141
7	関西学院大	122
8	金城学院大	117
9	学習院大	115
10	神戸女学院大	107
11	大妻女子大	103
12	明治学院大	102
13	慶應義塾大	97
	椙山女学園大	97
15	専修大	80
16	甲南大	64
	フェリス女学院大	64
18	学習院女子大	63
	成城大	63
20	同志社大	59
21	日本大	55
22	上智大	52
23	城西国際大	43
24	国際基督教大	42
	明治大	42
26	愛知淑徳大	40
27	日本女子大	37
28	亜細亜大	33
	昭和女子大	33
30	桜花学園大	32
	法政大	32

2017年

順位	大学	人
1	慶應義塾大	90
2	青山学院大	77
3	日本女子大	58
4	立教大	57
5	学習院大	56
6	駒澤大	52
7	上智大	49
8	武蔵大	45
	明治学院大	45
10	早稲田大	39
11	大妻女子大	25
12	法政大	22
13	中央大	21
14	成城大	20
	明治大	20
16	東洋大	19
17	関西学院大	18
18	日本大	17
19	武庫川女子大	16
20	実践女子大	12
21	聖徳大	11
22	成蹊大	10
23	学習院女子大	9
24	神戸松蔭女子学院大	8
	国学院大	8
26	東京大	7
27	跡見学園女子大	6
	拓殖大	6
29	共立女子大	5
	帝京平成大	5
	東京女子大	5
	東京理科大	5
	フェリス女学院大	5

・表20　女性ファッション誌（『CanCam』『JJ』『ViVi』『Ray』）の読者モデル登場ランキング

2002年

順位	大学	人
1	甲南女子大	379
2	青山学院大	197
3	慶應義塾大	186
4	日本女子大	158
5	立教大	147
6	早稲田大	128
7	東洋英和女学院大	121
8	帝塚山学院大	116
9	学習院大	95
10	神戸女学院大	91
11	成城大	80
12	成蹊大	79
13	大妻女子大	78
	上智大	78
15	明治学院大	77
16	共立女子大	68
17	神戸松蔭女子学院大	63
18	駒澤大	61
19	関西外国語大	57
	椙山女学園大	57
21	恵泉女学園大	54
	日本大	54
	フェリス女学院大	54
	武庫川女子大	54
25	法政大	44
26	同志社大	43
27	愛知淑徳大	40
28	武蔵野女子大	35
29	関西大	33
30	金城学院大	31

2007年

順位	大学	人
1	青山学院大	403
2	慶應義塾大	374
3	神戸松蔭女子学院大	340
4	立教大	329
5	成蹊大	290
6	神戸女学院大	286
7	成城大	249
8	日本女子大	244
9	早稲田大	227
10	学習院大	161
11	法政大	144
12	日本大	113
13	愛知淑徳大	106
14	大妻女子大	92
15	相模女子大	91
	椙山女学園大	91
17	駒澤大	77
18	獨協大	71
19	明治学院大	67
20	金城学院大	63
21	恵泉女学園大	61
22	同志社女子大	54
23	上智大	49
24	跡見学園女子大	48
25	玉川大	39
	中央大	39
27	専修大	37
28	東洋英和女学院大	33
29	中京大	28
30	学習院女子大	26

出典：『大学ランキング』（朝日新聞出版）の各年度版

ところが、2007年、2012年には上位30以内に入ってこない。なぜか。読者モデルになるような女子学生が減ったからではない。2005年、大学がテレビや雑誌などメディアへの登場を厳しく制限したからである。

当時、甲南女子大には雑誌の読者モデルに登場、テレビのバラエティ番組に出演する女子学生が多かった。読者モデルになりたい、テレビに出たいから南女《なんじょ》（地元ではこう呼ばれる）に進みたい、という女子高生もいたほどだった。

しかし、大学には卒業生から「はしたない」「ハデすぎる」「品がなく大学名を汚す」などのクレームが寄せられる。このこともあって、大学はメディアへの登場制限措置をとった。甲南女子大からそう遠く離れていない神戸松蔭女子学院大、神戸女学院大にも読者モデルが多かった。大学がメディア登場制限を行わなかったことで、ランキング上位をキープすることになる。2010年ごろ、神戸松蔭女子学院大の女子学生は「毎日がファッションショーみたいで楽しい」と話していた。事務職員は、「おしゃれが好きでこの大学を選んだという学生がいることを承知している」と率直に答えてくれた。これも大学のブランドなのかもしれない。

関東では慶應義塾大、青山学院大に読者モデルが多い。その理由について、両大学の共通項から見て取れる。①附属高校がキャンパス近くにあり、おしゃれな女子学生をまのあたりにする附属校生はファッションセンスが磨かれていく。②内部進学率が高く、おしゃれなセンスが先輩から後輩に受け継がれていく。③小学校からのエスカレーター組には高所得層が多く、おしゃれに対して自由にお金が使える。④1960年代から文科系学部の女子学生比率が高く、おしゃれをとおして自己表現力が強い女子が多かった。⑤高級ブティックが身近にあり、最新のファッション情報を得られる。青山学院大＝表参道、慶應義塾大＝銀座。

立教大（池袋）、上智大（四谷）、明治学院大（白金）、成城大（成城学園）、成蹊大（吉祥寺）、学習院大（目白）。これらは、女子学生が多く、ファッション情報が収集できる街にキャンパスがあることが、上位校常連の大きな要因と言える。

早稲田大、法政大、明治大、中央大は、1990年代まで硬派な男子学生が多いというイメージがあったが、いまはその片鱗さえ一掃するように、読者モデル市場に進出した。理由は、女子学生が増えたことによる。複数のファッション誌に毎月のように登場するカリスマモデルが活躍したことも大きい。

女子大のなかで聖心女子大、白百合女子大、清泉女子大などミッション系大学のキャンパスはおしゃれな女子学生が多そうに見える。しかし、ランキング上位にあがってこない。学生がメディアに登場することを、大学が制限しているからだ。ところが、読者モデルとして活躍する女子学生は少なからず見られる。ファッション誌に登場する際、「S女子大」という肩書きで。

ところで、2017年の読者モデルランキングでは、登場する女子学生の数がかなり減っている。次のような理由が考えられる。

① ファッションに気を使わなくなった。背景には嗜好と現実がある。嗜好について、お金の使い方としてファッションよりも優先順位が高いものがある。旅行、資格取得などだ。現実についてはファッションにお金をかける余裕がなくなった、に尽きる。

② ファッション誌を読まなくなった。最新ファッションはネットで済ましてしまう。これはファッション誌側にも言えることで、女子学生を読者ターゲットにしなくなっている。女子学生特集ページが10年前に比べると極端に減っている。

③ ブランドものへの関心が薄らいでいる。かつてファッション誌で定番だったシャネル特集、ヴィトン特集はいまでは見られない。女子学生の物欲がそれほどブランドに向かなくなったからだ。ユニクロで十分という考え方だ。

外資系キャンパスのＩＣＵ、慶應、上智、早稲田

ファッション誌における女子学生の取り上げ方を見ると、大学別にさまざまな女子学生の姿が見えてくる。もちろん、かなり一面的であり、大学全体を語ることはできない。「大多数の女子学生がそんなおしゃれをしていない」という声もあるだろう。だが、ファッション誌が描く女子学生をあえて紹介したい。おしゃれだけではない、彼女たちが抱える悩みまでが吐露されている。女子学生の1つの記録として読んでほしい。

2013〜2014年、『JJ』（——光文社）は毎号といっていいほど大学特集を組んでいた。このなかでこんなフレーズが目を引く。

「外資系キャンパス」

その字面から外国資本（企業や教育機関）が設立した、あるいは買収した大学と理解できるが、そうではない。外国で教育を受けた、幼少期を過ごしたという意味において、日系、帰国生、インターナショナルスクール出身者が多い大学を外資系キャンパスと呼んでいる。言い得て妙である。『JJ』が取り上げる「外資系キャンパス」はどこだろうか。

『JJ』編集長（当時）の原さやかはこう説明している。

「今、『JJ』が注目するのは上智大、SFC（慶應義塾大湘南藤沢キャンパス）、早稲田大国際教養学部、ICU（国際基督教大）など帰国子女や留学生が多いキャンパスである。『JJ』では『外資系キャンパス』と呼び、たびたび特集をしている。日本の大学もグローバル化が叫ばれ、国際とつく学部が多く新設されている。学生でも短期留学や旅行で海外に行くことが珍しくない昨今だが、やはり不況下では海外に行くのはお金がかかる。ボーダーレスに海外と日本を行き来するような外資系キャンパスに通う学生たちは、派手な見た目ではないが、いわゆるお嬢さん育ちが多く、ナチュラルでどこか知的な感じの人が多いように感じる」——『大学ランキング2015』2014年4月刊

『JJ』（——2014年3月号）で、「これが噂の外資系キャンパスLIFE」という特集記事を組

み、次のように定義した。

「海外の高校やインター出身の9月入学生をはじめとする帰国子女や日系人、外国人留学生など、インターナショナルな背景を持つコの割合が高いキャンパス」

この特集記事にはこれら4大学の学生が紹介されている。

早稲田大国際教養学部はＳＩＬＳ（シルス、School of International Liberal）と呼ばれ、学生4人の自己紹介欄にはこう記されている。

「父が日系オーストラリア人なので」（4年女）。「両親の仕事の都合で16年間ＬＡで過ごしました」（3年男）。「小2から中1まで現地のインターナショナルスクールで過ごした」（2年男）。「8歳までカリフォルニアで育ち、高校3年生の時に1年間ボストンに留学」（1年女）。

このうち、1人は、『JJ』に毎号登場するいわばカリスマモデルだ。

ＩＣＵの読者モデルには、トルコ2年、ドバイ4年、インド5年、アメリカ・ニューヨーク2年の滞在経験を誇る学生がいる。

慶應義塾大ＳＦＣからは読者モデルがカップルで登場する。

上智大の国際教養学部はＦＬＡ（エフエルエー）と呼ばれており、すべてが英語による授業なので、ほぼ帰国生、インターナショナルスクール出身者で占められる。

外資系キャンパスに通う学生から、どのような特徴を見いだせるだろうか。

まず、ファッションである。「ZARA」（ザラ）、「H&M」（エイチ・アンド・エム）、「Abercrombie

&Fitch」（アバクロンビー・アンド・フィッチ。通称、アバクロ）が好まれている。ヨーロッパよりもアメリカン系のカジュアルが多い。洋服、バッグ、小物類でシャネル、エルメス、ヴィトン、コーチなど高級ブランドで着飾っているわけではない。ユニクロで上下ラフなかっこうで決める学生もいる。おしゃれの手本は、雑誌やSNS掲載のスナップ、長谷川潤、梨花、ミランダ・カー（オーストラリアのファッションモデル）。

アルバイト経験は、外資系アパレル従業員、飲食店店員、英会話講師が多い。

今すぐお嫁に行けちゃうほど料理の腕がすごい

『JJ』は女子学生の生態にさらに切りこむ。

「帰国子女系9月入学VS体育会系女マネ」――２０１３年2月号

そもそも、なぜ両者を対抗させなければならないのか。一方はブランドでキラキラ、もう一方はジャージで地味、というイメージを抱いてしまい、同じ土俵に上がらないような気もする。

しかし、ファッションは奥が深い。

ニットシャツでは、ハデめで辛口なネオンカラーは帰国生、白ふわで甘口のミルキーカラーが女子マネなのである。辛口は黒、茶系の色を意味する。甘口は白、薄めのピンクやグレーをさす。「ふわ」とは、ふわふわした素材を使ったものだ。

辛口＝ハデ＝帰国生、甘口＝地味＝女マネと、強引にくくらないと、この対抗軸を理解することはできない。

「一女（いちじょ）の劇的BEFORE→AFTER」――2013年2月号

「一女」とは1年生女子を意味している。9月を過ぎると、1年生のファッションが劇的に変化する様子を描いたものだ。柄物から無地に、甘口から辛口に、ロングからショートに、まつげが地味めからハデめに、変わっていく。少し前、こうした変化を「大学デビュー」と称していた。

二女、三女、四女も登場する。

「二女　ショーパン×トレンドトップスでカジュアルでも先輩感を」「タイトなミニやワンピでIラインを作り、おしゃれも悟りの三女」「スキニーを大人っぽく着こなしてさすがの四女オーラを発揮！」――2013年5月号

二女はいちばん活動的なのでスカートはNGであり、三女は新入生に憧れの対象となるような大人っぽさが求められる。四女は社会人感をすこし出しつつも就活疲れを表してはいけない、らしい。

ところで、新歓時期は、二女、三女、四女は気が気でないらしい。こんな見出しが躍っている。

「楽しかったキャンパスライフを返して。カレだけではなく、大好きだったサークルの場所ま

で一女に奪われました」「〝新鮮さ〟と〝可愛らしさ〟　私がなくしたものを持っている一女に嫉妬するのに疲れました」――2013年6月号

一女にアプローチするのは、二男、三男、四男である。『JJ』では、それぞれの学年男子がこう表記されており、とくに二男、三男のカレが一女に奪われないような指南が施されている。そのポイントは自信を持つこと、敵を取り込むべし、カレの手綱を締めよ、である。その心は、一女と仲良くして敵にならず、カレを盗ろうという気を起こさせない。カレが一女におごるなど投資させないように言い聞かせる、など。

こんなことで驚いてはいけない。もっとすごい世界が待っていた。

「女子大生カーストという世界」――2013年8月号

大学にはカーストがあり、次のような序列があるという。

・**サークル内**　①読者モデル、ミスコン出場の三女、②二男や三男にかわいがられる一女、③元かわいい一女のポジションだった二女、④一度もちやほやされた経験を持たない二女、三女。

・**合コン**　①かわいくてコミュ力高めなコ、②顔はそれなりだけど、場を盛り上げてくれるお酒の強いコ、③ダサいしおとなしいけど、顔がかわいいコ、④男と張り合う気が強いコ、地味で飲まないコ。

・表21　『JJ』の連載記事「JJ大学案内」に連載された、
各大学の「おしゃれ」の特徴を示す見出し（2013年1月号〜14年10月号）

慶應義塾大	9月入学生風シンプルコーデが得意
青山学院大	シンプルな「社会人カレ服受け」が青学ガールの鉄板
成城大	暇さえあればみんな旅行へGO 海外志向の女の子が多い
学習院大	可愛くて気だてもいい！ 体育会の華“女マネ”が豊富
フェリス女学院大	毎日ヒール 美白ケア 華やか女子会…女子力は世界最高峰
成蹊大	男女の仲がよいから女のコらしさよりおしゃれ重視
明治大	インカレ・リア充系よりも、オンリー明治の熱血系が主流
上智大	落ち着いた上品ガーリースタイルが定番
明治学院大	トレンドに敏感でおしゃれといえば英文ガール
立教大	カジュアルだけど上品な“クラジュアル”が定番
大妻女子大	可愛いコが多いと噂の文学部女子のミーハースタイルに注目
中央大	やりすぎないおしゃれを分かっている
早稲田大	SILSガールの外資系カジュアルがかわいい
東洋英和女学院大	保育子ども学科のコのほっこりガーリー服が可愛い
南山大	知的&大人見えするシンプルカジュアルがスタンダード
関西学院大	大人な「シンプル服」をレディに着こなすのが得意
国際基督教大	シンプル&大人見えする「外資系カジュアル」が定番
東京女子大	通学は毎日がヒール！ 清楚なきちんと感に注目
慶應義塾大SFC	ラクだけどラフになりきれない！ 品をキープしている
甲南大	“カジュアルすぎないガーリーコーデ”が得意

このような舞台設定で、一女、二女、三女、四女と表現されることに、キャンパスにおいて男子学生からの性的まなざし、女子学生に対する嫌悪や蔑視が感じられる。実際、不快に思う女子学生は少なくない。

『JJ』では、「JJ大学案内」という記事を20回にわたって連載していた（――2013年1月号～14年10月号）。それぞれの大学の「おしゃれ」の特徴を示す見出しをまとめた（表21）。

青山学院大の「社会人カレ服受け」とは、社会人でスーツ姿の彼の隣でも似合う洋服のことである。明治学院大の「英文ガール」は文学部英文学科。ガーリー（Girly）とは、ふわふわしたり、フリルがついたりなど「女の子らしい」という意味合いだ。

インカレとはインターカレッジで大学間交流を言い、フェリス女学院大は慶應義塾大と横浜国立大、東洋英和女学院大は東京工業大、東京女子大は早稲田大と東京大と仲が良い。一方で成蹊大、成城大、明治大、明治学院大、関西学院大は学内の男女は仲が良いということになっている。

ほかに、東京女子大は「今すぐお嫁に行けちゃうほど料理の腕がすごい」、東洋英和女学院大は「〝長く付き合っている彼持ち〟のコがいる」、大妻女子大は「キャンパスのサロモ率日本一」と寸評されている。サロモとはサロンモデル。

明治学院大は学内カップル率の高さをとらえて「登校中は手をつないで授業中はほぼ一

緒」、関西学院大は、「カレは同い年&同学部で見つけるコが多数」と、まるで恋人が作れるキャンパスと言わんばかりだ。中央大は附属校出身を持ち上げ「通称、〝中附〟上がりのコがイケてると評判」と、中学受験案内ではこれ以上ない宣伝文句だ。

ファッション誌から見た大学別の特徴についてはかなり根拠が薄い。エビデンス、ファクトとは遠い世界で、印象評価にすぎない。勝手な決めつけも多い。「そういう学生もいるけど、多くがそんなにハデじゃない」と話す女子学生はけっこういる。たしかにその大学でおしゃれでハデめな女子学生は少数派であろう。彼女たちがどのようにイメージされたかを知ることはできる。そのなかにあって、彼女たちの素顔を見ることもできるのではないか。

読者モデルの世界では、本書のテーマである「女子学生が闘っている」をあてはめることはできない。そもそも旧態依然な発想がしばしば見られる。「女子は男子の前でこう振る舞うべき」「すてきなお嫁さん」というフレーズがマニュアルっぽく語られ、保守性を感じてしまう。それでも読者モデルとして自己表現を追求し、それを社会にさらす姿は、社会と向き合っているといっていい。

ミスコンと読者モデルに関わる女子学生は商品、操り人形ではない。自分で考え行動している。主体的に自分の身をさらしているといっていい。彼女たちにはさまざまな意見が寄せられるだろう。

たとえば、学生の本分とはかけ離れている。こうした厳しい批判は、1970年代の女子学生の大学進学率10％台の感覚による物言いである。当時の「大学とは〜〜」「学生とは〜〜」という定義は、進学率50％のいまは大学の多様化が進み、さまざまな女子学生が存在するゆえ、通用しにくくなっている。ミスコンと読者モデルと大学での勉強を十分に両立させている女子学生は多い。ミスコンと読者モデルをやってはいけないという理屈は成り立たない。ということは、女子学生がアダルトビデオ出演や風俗アルバイトをやってはいけないという理屈も成り立たないことになる。女子学生は自己決定で何をやっても構わないが、なぜ、大学生だと付加価値がついてしまうのか。その裏返しとして、なぜ、低学歴、貧困の女性だとセックスワークは正当化されるのか、というテーマを問い続けなければならない。この章では、「女子学生が闘っている」というテーマとは大きくかけ離れたが、それ以前の女子学生とはどのような存在なのか、女子学生でない同年代の女性とどう違うのか、について問題提起できればと思い、ミスコン、読者モデルを取り上げた。

第9章
女子学生、
就活での闘い

女子学生にとってもっとも苛酷な闘いを強いられるのが就職活動かもしれない。企業は男性中心社会の縮図といえる。就職活動はそれと正面から向き合うことに他ならないからだ。

そこで、本章では女子学生の就活を時系列で追いかけてみる。

1940年代〜1970年代

大学生の採用状況を表すことばとして、もっともポピュラーなのが「売り手市場」「買い手市場」である。俗っぽい言い方では、「晴天」「土砂降り」がある。前者は大学生にとってありがたい話である。

1950年代前半、新制大学の1期生2期生が卒業するころ、女子大卒はいまでは想像できないほど厳しかった。「売り手」にすれば市場がほとんどない状態であり、気象にたとえるなら、「竜巻」「大型台風」としか言いようがなかった。

東京大への求人500社のうち女子採用は20社

１９５４年に卒業する女子学生の就職状況は目も当てられなかった。これに関する文部省のコメントをメディアが伝えている。

「女子学生が7割8分まで就職を希望しているのに、就職が決まったのは新制大学でわずか7％、短期大学で10・５％にすぎず、女子の職場がまだ開拓されていないことを示している」

――朝日新聞１９５３年12月16日

このとき、就職活動をしていた影山裕子は「開拓されていない」現状を体験している。影山は１９５０年に長野県立松本深志高校から東京大経済学部に進んだ。１９５３年に就職活動をするがかなり苦労している。まずは役所である。影山は国家公務員試験に合格したが、各省庁から面接試験でＮＧが相次いだ。

大蔵省は「うちでは入省して若いうちに税務署長に出します。税務署長という仕事は女の人に向きませんね」。厚生省からは「女の人は三級職（当時）の清掃作業員としてしか採りません」。文部省にいたっては、「行政職は採りませんが、心理職といった専門職なら採ってもいいんですがね」。労働省はさすがに断らなかったが、婦人青年局にしか配属されないことを知り、新天地を開拓したいと思っていた影山は官僚をあきらめた。

次に門を叩いたのが、日本銀行である。しかし、「日銀では大学卒の女子は採らないと採用の責任者が言っています。高卒の資格でよければ、無試験で合格させましょうか」と、門前払いされた。

影山は民間企業などを探す。東京大に寄せられた求人は500社あまりあるなか、その多くは「女子を除く」だった。ようやく採用条件に性別の記載はない企業を見つけた。たった20社である。だが、ここでも厳しい現実が待ち構えていた。影山はこう回顧する。

「20社の人事部に、はしから『もしもし来年東大経済を卒業する女子学生ですが、おたくは女子でも採用してくれますか』と聞いてみた。『女子が来るとは気がつかなかったので書かなかった』というのは17社。日本航空と農林中央金庫と電電公社の3社だけは、女子でも受験して良いという。（略）学校でも家庭でも、男女を意識せずに自由に伸び伸びと育ってきたのに、就職という場で、私は女性であるための苦悩をイヤというほど味わわされた」――『わが道を行く』学陽書房　2001年

影山は日本電信電話公社に入社した。NTTの前身である。

東京大、京都大、早慶といったエリート校出身でも、幹部候補生として女子を採用するところは稀だった。

人文社会系では事務職、秘書が多く、短大、専門学校、高校卒業と変わらないところが見られた。

一方、自然科学系では企業の研究者、技術者について女子にも門戸は開放されていた。性別よりも専門知識、技術が優先されていたわけだが、工学系分野で女子の数はまだまだ少なかった。

社内で女子の大学卒業者を採用してどのくらい伸ばせるか前例がない

1950年代、女子学生の就職で恵まれていたのが、教員、栄養士だった。女子大学の家政系学部出身の家庭科教員が多い。やがて、国立大学の教員養成学部に女子が多く集まると、全教科で採用されるようになった。教育の世界は就職差別がほとんどなかった職種である。

女子学生からすれば、就職意識はどうだったのだろうか。

エリート校の共学と私立の女子大学では違いがあったようだ。共学は就職希望者が多く、女子大学は卒業後、仕事に就かず、すぐに結婚、あるいは、「家事手伝い」「花嫁修業」に身をおくというケースが見られた。

1954年、受験雑誌で女子大学自ら卒業後の進路について説明した文章がある。

・**相模女子大**「本学卒業生は家庭の主婦として、母としてその美徳を世間が広く認めるところである」

・**聖心女子大**「就職希望者は本学の約3分の1である」

・**共立女子大**「現在までの卒業生の半分以上が就職している」

・**日本女子大**「本学卒業生は家庭の主婦としての務めを果たす一方、政治界、学界、文壇、ジャーナリズムとあらゆる方面に進出している」

・**大妻女子大**「卒業者に対する全就職者比は67％」

・**神戸女学院大**「大部分の者は幸福な恵まれた家庭の妻として、母として和やかな生活を送っているが……」

・**大阪樟蔭女子大**「本学は従来就職を希望する者は比較的少数であったが、最近は漸増の傾向にある」

――『全国大学大観』旺文社　１９５４年

１９５０年代後半になると、女子学生の就職に対する意識もすこしずつ変わってくる。しかし、企業の人事採用担当者の体質は旧態依然だった。

１９５７年10月、「業界と女子大学卒業予定者との就職問題懇談会」が開かれた。出席者はお茶の水女子大、東京女子大、日本女子大、千葉大などの女子学生８人と、大丸、筑摩書房、日清紡績、日本テレビ、大丸東京店の人事課長である。

女子学生から、「企業は私たちを採用する気がないのか」と問い質したところ、大丸の人事課長はこう答えている。

「社内で女子の大学卒業者を採用してどのくらい伸ばせるか前例がない。今はそういうルートを付けて、育てることができない状態なのでどうしようもない」

これを受けて、企業から女子学生はすぐに会社を辞める、定着しないという批判が出た。大丸の広報課長がこう続けた。

「入社して1年ぐらいは見習い期間だが、この期間のうちに結婚するからと言ってやめてゆく人さえいる。よい仕事を与えてようやく一人前になったと思うと退職するから困る」

女子学生はこう反論する。

「働かなくてもよいような一部の学生は別として大部分の学生は働く意欲が盛んです。腰掛けではなく、結婚しても、子供ができても働こうと考えている人は多い。業界側が女性の職業について昔の考え方しかなく、今の考え方を理解してくれないのは残念です」――前記、女子学生、大丸東京店人事課長の発言は、朝日新聞1957年10月8日から

大丸東京店のような考え方は一般的だった。

1958年、日本経営者団体連盟（日経連）がまとめた「昭和33年3月大学・高校卒業予定者の採用試験実施結果に関する調査報告」のなかで、企業から女子学生を採用しない理由について こんな意見を載せている。

「適職なし」「業務上必要なし」「当社の業務に女子は不適――電力、製鉄、炭鉱、建設、車両――」「終生勤務できないので幹部社員として永続性がない」「勤続年数が短い」「現在の職務

・表22　学習院大の女子卒業生の就職状況

年	卒業者	就職者	就職率（%）
1954	64	14	21.9
1955	96	23	24.0
1956	123	27	22.0
1957	137	34	24.8
1958	128	29	22.7
1959	118	25	21.2
1960	164	41	25.0
1961	149	29	19.5
1962	179	33	18.4
1963	239	54	22.6

出典：『学習院大学五十年史 上巻』

は高校卒で十分」

これらは女性への大いなる偏見もあるが、自分の代では前例がないから採用しない、という古い体質によるものだ。新しいことにチャレンジしない。

女子学生が就職活動で厳しい条件を突きつけられるなか、新聞、出版社、テレビ局、広告代理店はわずかだが女子に門戸を開放していた。だが、年によって採用されたり、されなかったりでぐらついている。

読売新聞記者で日本女子大出身の鷲尾千菊は、新聞社が女子を採らない会社の論理をこう代弁している。

「彼らの言い分のまず第一はいたわっていたんじゃ仕事にならないということ。時間は遅くならないか、この仕事に女を出して大丈夫かと１つ１つ神経を使うのはやりきれない。次にいうのは、視野の狭さ、守備範囲の狭さ。試験で入ってくる女性が成績はすごく優秀。だが、試験の一番必ずしも記者稼業一番とは限らない」――『婦人公論』1958年10月号

マスコミでは長年、いわれ続けたことである。平成が終わった2019年現在、新聞社幹部でこうした考え方を持つ人がいる。

女子学生の就職率が2～3割程度というところは少なくなかった。採用枠がなく就職が厳しい、卒業したら就職せず「花嫁修業」の家事手伝いをする、などがいりじまって、就職率はなかなか高くならなかった。1950年代から1960年代にかけて、学習院大の就職率の推移を表に示した（表22）。

2、3年でやめて結婚する。腰掛け主義の人が多いんじゃないかしら

1960年代に大学も増えて、女子学生も多くなった。それに合わせるかのように、女子学生の採用状況は少しずつ改善されるが、それは事務職のことで総合職採用はわずかだった。1962年、経済企画庁と日本リサーチセンターが「婦人労働の活用状況と、将来の展望」という報告を発表した。企業490社からのアンケート回答をまとめたものである。ここには女子学生の採用について、かなりショッキングなデータがまとめられている。

・**質問**「あなたは大学卒の女子を採用していますか」

・**回答**「一切採用せず」47・7％、「特殊な職種に限ってのみ」30・4％、「そのほか」17・6％、「男子とまったく同じ基準で採用する」4・3％。

企業約500社のうち半分近くが女子学生を門前払いしている。

また、女子学生を採用している大学の3分の1は「高校卒の女子と区別しない」としている。高度経済成長期にあってさまざまな業種の企業が大きくなるなか、女子学生の事務職の採用枠は広がっていく。しかし、悲しいかな、軌を一にして女子学生の就職が「腰掛け」と冷ややかに見られるようになった。

女子学生を採用しても1、2年で「寿退職」する。せっかく仕事を覚えてもらったのに効率が悪い。ならば、高卒19歳で採用したほうが4、5年は働いてくれて戦力になる。女子学生が通う大学はレベルが低い、英文科を出てもどうせ英語は使えず、会社ではなんら役に立たない。お金があって花嫁修業のはくづけで大学にいくような女子よりも、進学校出身でも経済的に恵まれず高卒で働きに出る女子のほうを採用したい。こんな考え方である。

ところで、女子学生の思想調査に関わるようなことが発覚している。

1962年、立教大では、ある女子学生が大学就職部で書いてもらった人物調書をたまたま開封したところ、とんでもないことが書かれてあった。

「思想――政治的偏向あるものと認める。指導力――十分なるも偏向的にならん。明朗性――暗いところがあり不健康の点がみられる。団体職員についた事実――3、4年次級委員として学生運動に活躍している。教職員としての適格性――不適格と認める」――立教大学新聞1961年11月11日

この女子学生、落として下さいと言いたげな文章である。これは教授会もあずかり知らないことだった。経済学部教授の立入広太郎は激怒する。

「学生に対して就職口を学校が閉ざしているのであり、学生に対する殺人行為であろう」――『朝日ジャーナル』1962年7月1日号

のちに、大学就職部は「あれは例外だと思うが、まったくのミスだった」と弁明するが、ミスではなく確信犯としか言いようがない。

話を戻そう。女子学生就職「腰掛け」論は、それ相応の説得力をもって広く流布されてしまった。

青山学院大新聞部の女子学生がこんな話をしている。

「名の通った一流会社にはいって、ガッチリこづかいをためてボーイハントして、2、3年でやめて結婚する。腰掛け主義の人が多いんじゃないかしら」――朝日新聞1963年9月16日

男女同権色彩の強い共学より、女子大のほうが、企業にとり好ましい

日本交通公社『旅』元編集長の戸塚文子の女子学生評はかなり辛辣である。

「大学でいくらシェイクスピアをやったところで、役に立たないんですよ。その職場で要求していることをちゃんとやらなければ意味がないんです。さっぱり仕事をせずに、給料が少ないの、扱いが不当だのとこぼす。大変手前勝手なんです。（略）就職に対する考え方が根本的に違うようですね。女性の地位の向上のために会社があるわけではないし、会社は決して慈善団体ではありませんからね。そういうえらい人の実態を会社がわかってきてお断りということになったのですよ」――『週刊文春』1964年8月24日号

戸塚は日本女子大学出身。1934年、女性で初めて日本交通公社に入社した。1948年、『旅』の編集長となった。

前出の影山裕子も後輩たちに手厳しい。

「企業が女子大卒をとらないのは、女子大卒が新製品だからですよ。今まではだいたい女は結婚するまで社にいてやめるというのが普通でしょ。その旧製品と一緒くたにしているんですよね、新製品は品質の保証がないから、買い手でも迷うのでしょう。（略）私は良貨だと思うの。日本にはＢＧが多すぎるのよ。つまり腰掛け的な女の労働者。そうじゃなくって、生涯、

仕事をやっていきたいというファイトとバイタリティーをもったハイ・クラスの労働者もいるのよ。そういう良貨がBGまがいの悪貨に足を引っ張られて、女は無能ということになるんですよ。何とか職にしがみついたり、ぶら下がったりして月給をもらえればいい式の女性が評判を悪くするのよ」――『週刊文春』1964年8月24日号

BGとはビジネス・ガールのこと。OL以前の呼称だ。影山は「良貨」として、「腰掛け」のような存在は迷惑この上なかったようだ。

日本交通公社の戸塚、電電公社の影山は大卒エリート観がかなり強い。しかし、彼女たちのような考え方は、1960年代、女子学生が増えていくなかで次第に少数派になっていく。この頃、大学がエリート養成機関から、大人数の大衆向け教育機関に変わりつつあった。それに伴い、大学の大衆化、学生の多様化が進み、さまざまな階層、さまざまな学力を持った女子学生がキャンパスに登場するようになった。したがって、就職に対する考え方もさまざまである。

おおざっぱにいえば、女子学生は就職活動の際、勉強したい、専門を生かしたいという強い意志をもっているケース、有名で待遇が良いところで働きたいと考えるケースに分かれていた。

企業は男女で初任給に差を付けていた時代である。たとえば、大手生損保会社は男子1万8000円、女子1万3000円となっている。

これについて早稲田大の就職課長がこう話している。

「女子学生の場合は果たしてどこまでほんとうに就職したいのかよくわからないんです。そし

て、就職しても結婚でやめていく人がまだまだ多い。これでは求人側も責任ある仕事をまかせられないから、男子と女子で初任給に差があるのは無理もないと思います」――朝日新聞1965年1月31日

やめていく人が多いから、採用しにくい、という企業側の言い分は、社会に受け入れられやすかった。たとえば、1965年、伊藤忠商事を退職した女性（196人）の勤続年数は高卒3・62年、短大卒2・92年、大卒1・68年となっている（――『高3コース』1967年6月号）。もちろん、女子学生からすれば納得いくものではない。「結婚でやめていく」社会そのものが問われるよりも、女子は結婚して家庭におさまるべきという古くさい概念が前提となっている。しかし、大学就職課の認識としては、女子学生の就職にはハンディがあるのは仕方がないと、なかばあきらめ気味だった。

こうしたなか、就職活動に何が何でも勝ち抜こうとする女子学生が増えてきた。さまざまな手段を使ってでも。

1966年、早稲田大から中央公論社に就職した安倍智子はこう話している。

「受験したくても浮き世の風は女子には野分の厳しさです。まず学校推薦の関所が控えております。これには優のコレクターと言われようとも、優は就職の第一のパスポートだと悟りすましてせっせと集めていた人のほうが勝ちです。縁故、あれは使わせていただくことにこしたことはありません」――『早稲田キャンパス』1966年8月6日

女子学生が内定を取るためには、何もしないわけにはいかない。優を集めること、それだけでは評価されないので、親戚や知りあいなど縁故を探して使いまくる。さらに、大卒という肩書きだけではダメなので、仕事に使えそうな知識や技術を持っておいたほうがいい、という気運が高まっていた。

上智大の女子学生がこう話している。

「女子は技術を持っていることが得。英会話、タイプ、速記など特技により採用される場合が多い。（略）毎年女子の就職は縁故関係が多い。この傾向はまだまだ続きそうである。なるべく縁故関係にあたること」――上智大学新聞1967年8月10日

ビジネス街に英会話学校、タイピスト養成所が多く見られるようになったのは、女子学生の需要があってのことだ。ダブルスクールの始まりである。

1960年代半ば、お茶の水女子大や東京女子大などの女子大学よりも、早稲田大や上智大などの男女共学大学の女子学生のほうが就職活動で苦労していた。企業はむかしながらの慣例で、男女共学大学の場合、求人は男子学生に絞られてしまい、女子学生が疎かにされる傾向があった。企業が女子学生を採用したい場合、女子大学に求人案内を送ることが多くあった。つまり、求人情報の量では、男女共学大学が不利だったのである。

また、男女共学大学の女子学生に対する偏見もあった。三和銀行人事担当者がこう話している。1967年のことだ。

「もともと女子の仕事は男子の仕事を補佐する、ということにウエートが置かれています。ですから男女同権色彩の強い共学大卒の女子より、女子大出身者のほうが、企業にとりなにかと好ましい点が多いのです」――『高3コース』1967年6月号

1974、1975年、不況で日本航空、全日空、三菱商事が女子採用ゼロ

1970年代にさしかかるまでは高度経済成長がそこそこ続き、好景気を背景に業務拡大をめざす企業が増えており、大学生の採用状況は悪くはなかった。しかし、女子学生の就職は好転することはなかった。

なかでも文学部が厳しかった。これは文学部そのものが、経済学部、法学部に比べて求人が少なかったからである。女子以前に、文学部だから就職が不利という現実があった。源氏物語を読めても働けない、サルトルを理解しても役立たない、ヘーゲルを講釈できても売上に寄与しない、という思い込みである。経済学部ならば、すこしは経済の動きを追いかけられ、会社の仕組みもわかるだろう、と期待できるからである。文学部就職不利説は1950年代から伝えられており、このころに見られたことではないが、一部の大学で文学部の女子比率が8割、9割を超えたこともあり、「文学部、女子」は、1970年代にはいって就職活動でハンディとなる現実はあった。

もう1つ、女子学生にとって理不尽な現実があった。銀行、百貨店などの接客業種であった採用条件「容姿端麗」である。じつは、これも歴史がある。1950年代から女子学生に容姿、身長（たとえば155センチメートル以上）を求める企業があった。しかも、公然と。

1950年代の就職ガイドブックには恐ろしいことが書いてある。

「女子は男子に比して、その採用条件に容姿の点が考慮せられることは、昔ほどでないとはいえ、銀行・百貨店その他、女子が第一線において客扱いをするところでは、相当重要視されるのは当然である」――『大学・高校卒業者のための就職事典』旺文社　1955年

こうした考え方が、1980年代まで残っていた。なかでも航空会社客室乗務員はもちろん容姿端麗とは明記されないが、採用時に外見を判断材料としていたと言われている。アナウンサーとなれば、タレントを探すかのように外見で見極める。そんな現実に輪をかけたのが、各大学で行われるようになったミスコンテストである。平成に入ってから、大学ミスコン入賞者がテレビ局で相次いで採用されるのは、じつにわかりやすい話だ。

1973年のオイルショック後、経済成長が止まり、世の中、いっきに不景気となった。企業の倒産も相次いだ。こうした状況にあって、企業が経費を削減するために真っ先に手をつけてしまったのは女子採用である。

1974、75年、日本航空、全日空、三菱商事など女子の人気が高かったところで女子採用がなくなった。1973年に三菱商事は女子390人（うち大卒90人）、日本航空は344人を

採用したこともあって、女子学生はパニック状態になる。三井物産も同年は女子450人を採用したが、3分の1になる。人件費がかかるというのが大きな理由だが、三菱商事の担当者は、「四年制大卒は縁故で採用しており、正常な採用方式を乱す恐れがある」（――朝日新聞1975年8月29日）ということも理由にあげている。

青山学院大の女子学生がこう話す。

「縁故で、一般事務です。わたしがこんなことを言うのはおかしいけれど、こうなったらもうほんとうに就職したい人だけが試験を受けるべきだと思うんです。経済的に恵まれてどっちでもいいって人や、はじめから腰掛けのつもりの人はこの際、おりて……」――朝日新聞1975年10月18日

これだけ不況であっても、女子大学のなかにはマイペースを貫くところがある。

「共立女子大学。ここは就職希望の学生600人いるが、例年だと卒業までに300人が就職をあきらめるという。残る300人も約200人は縁故で決まり、結局、大学を通じて就職するのは100人程度。同大では『求人は400社あるのだから就職先に不自由はない』という優雅さです」――朝日新聞1975年10月20日

1976年、就職がやや好転する。この年、おおいに気を吐いたのが上智大だった。学内掲示に「我ら就職戦争に勝てり」「近年実績のなかった日銀、文春等にも進出し、NHK、TBSなどには女子を含め、数人の内定者を出したことはまことに喜ばしい」。このうち女子

は日銀、ＴＢＳアナウンサーが含まれる。
「ドイツ語科の才女が、西ドイツ系の銀行とソニー、ＮＨＫを受けた。銀行には合格したが、かまわずソニー、ＮＨＫへ。ソニーではどこが第1希望かと聞かれ、ＮＨＫだと悪びれず答えた。ＮＨＫがダメだったらいらっしゃいといわれたという。ところが、これを知ったドイツ人教員がある企業に採用が内定したのに、他を受ける習慣はドイツにはない、と怒り出し、卒業させないとがんばっているという」――朝日新聞１９７６年12月23日
１９７０年代、採用側にとんでもない偏見、差別意識があったのも事実だ。きわめて残念な話だが、ある接客を主とする中堅企業の内部文書にこんな記述がある。

「〈女子社員採用にあたって留意すべきこと〉
企業は人なり。そして採用は高価な買物である。良いもの、良く育つもの、適正に長もちするものを選び、粗悪品、欠陥品を掴まされてはならない。

・**採用不可の女子**

①ブス、絶対に避けること。②チビ、身長１４０センチ以下は全く不可。③カッペ、田舎っぺ。④メガネ。⑤バカ。⑥弁が立つ。新聞部に属していたものはよく観察すべし。⑦法律に興味をもつ。前職・専攻課目・関心事に注意。⑧慢性の既往症。再発の怖れだけでなく、疲労し易いので不満を抱き易い。

・要注意の女子

①革新政党支持。その理由を質問し、その答え方の口調に注意。②政治・宗教団体に関係。頭のきりかえのきかないのが多い。③本籍が日本国籍でないもの。特に家が飲食店の場合は不可。④職を2つ以上変っているもの。流れ者であり即戦力になるように思えても長つゞきしない。⑤四年制大学中退者。⑥家庭事情の複雑なもの。⑦父が大学教授。⑧尊敬する人物が情熱的芸術家の場合。(例)ゴッホ、林芙美子、石川啄木。⑨尊敬する人物が学校の先生の場合、どういう点を尊敬するか質問すること。」――Business Journal 2016年4月16日・朝日新聞1983年6月30日

1980年代

「女子大生」ブームの時代である。しかも、バブル期に向かって多くの企業で好景気を迎えようとしていた。しかし、ブームが女子学生の追い風になるとは限らなかった。採用側がきわめて保守的だったからである。

男子学生が次々と内定を得る中、女子学生の就職先はすんなりと決まらない。ネックとなったのが、女子のおかれた環境である。1人暮らし、浪人だ。男子にはネガティブ要因にならな

いが、女子への採点は厳しくなる。

いったいどういうことか。採用側の理屈はこうだ。

「オリエント・リース人事課長　せっかく戦力になっても3年未満で結婚退職される例が多いので、1歳でも若い人がほしい。また、下宿生活だと結婚前の身に何かがあったとき、連絡その他に不安を感じさせるし、親も早く帰郷させ、結婚させようとするので、勤続年数が短くなる。将来は変わると思うが、いまはこれで必要な人材が集められる。

三井物産　人事部長代理　1年でも長く勤めてほしいからだ。自宅通勤は大学に届ける求人票に明記。自宅通勤は大学側に口答で『そうご指導ください』とお願いしている。残業もあり、下宿生活では負担が大きい」——朝日新聞1983年11月4日

これについて女子学生はどう思ったか。筆者はこの時代の女子学生と同世代である。当時、彼女たちからよく聞かされた話をまとめておく。浪人不利は年を重ねた分、結婚まで勤続年数が少ないと見られることが多い。自宅外はタテマエとして生活できるのか、ということだが、これは男子ならばいいのかと論駁できる。

女子の1人暮らしは、たいてい男がつきまとっている。同棲しているのではという疑いがある。女は結婚前にそんなふしだらな生活をしてはいけない。そのような女性を信用できない。とくに銀行、保険のような信用が第一の職場ではという見方があり、仕事を任せるわけにはいかない。1980年代は女子学生のプライバシーに平気でずかずか踏み込む時代だった。

これに対して大学の反応が興味深い。

・**津田塾大学生生活課**　「大学受験のとき、第2志望で妥協した学生に比べ、浪人して初志を貫いた学生のどこが悪いのか。すでに4年間、下宿生活を経験し、仕事に就いても十分やっていける学生も多い。そうした個人差を十把一からげに扱う」

・**早稲田大就職課長**　「小学校から一応男女平等に扱ってきて、初めて差別に合うのだから、ショックだろう。彼女らの言い分は採用されなかったひがみも含まれているだろうが、実際に企業は学生に対して本音を出している」——朝日新聞1983年11月4日

津田塾大が怒り心頭に発しているのは、自信を持って送り出そうとする学生の能力や資質が認められなかった理由が、理にかなっていないと受け止めたからだ。津田塾大の場合、下宿、浪人のほうが、自宅通い、現役よりも経験値が高いというプライドである。そもそも、そんな理由で差別するのはおかしい、と考えている。早稲田大は男性目線である。女子学生の能力、資質を正面から見ようとせず、「ひがみ」で片づけてしまったのは、共学大は、女子大のように女子学生の身に寄り添った就職指導をしていない表れだろう。求人票の「男子に限る」の条件に慣れすぎ、女子はむずかしいだろう、とハナからあきらめていたフシもうかがえる。

就職活動での女性差別に学生も怒った。

関東では早稲田大の福沢恵子が『私たちの就職手帖』を発行して、女子に門戸が開放されない不合理、不条理を訴えている。その内容は、たとえば、①電通、博報堂など人気広告代理店の女子採用は縁故が中心、②ホテルは女子を英語をしゃべる花がわりにしている、③商社は男子を総合職、女子を一般職にわけて賃金に大きな差をつけており、これは大手企業志向の保護者に合わせて「お嬢さん預かり所」になっている、など。

１９７０年代後半から１９８０年代前半にかけて、優秀な女子学生を自宅外、浪人を理由に採用しなかったことによって、30年以上経った２０１０年代になってどうなったか。諸外国に比べて企業の女性管理職が圧倒的に少ない、という情けない状況になった。管理職登用可能な勤続20年以上の女性の人材プールが存在しないからである。

２０１９年12月、世界経済フォーラム（ＷＥＦ）は、世界各国の男女平等の度合いをランキングで示した「ジェンダー・ギャップ指数」を発表した。調査対象１５３カ国のうち、日本は１２１位で、前年の１１０位からさらに順位を落としてしまう。過去最低だ。これは経済、政治、教育、健康の４分野で女性の地位を分析してランキング化したものだが、経済分野での指導者、つまり女性管理職が諸外国に比べて極端に少ないことを示している。１９７０年代、80年代の女子学生差別のツケは大きい。

１９８６年、女子学生の就職史でエポックメイキングともいうべき法律が施行された。男女雇用機会均等法である（以下、「均等法」）。第1期生（1987年卒）の女子はどうだったか。メディアはこう伝える。

「大卒女子就職『最高の春』 男子との差縮小 均等法『1期生』広がった門」（――朝日新聞1987年12月11日）。文部省調査によれば、大卒女子の就職者は7万2900人で前年比で約4000人増。就職率は1977年から11年連続の上昇で73・6％となった。業種では金融機関が前年比で3割増えて5100人に達している。これは、従来、短大、高校卒を中心に採用していた銀行、保険会社が、総合職として女子を受け入れたことによるものだ。採用側は手探り状態ながら、女子学生に期待していた。メディアはこう報じている。

「パンティストッキングを製造するMナイロン社は、社長が笑顔で『当社にとって文字どおり初めての試みであり、女性特有の繊細な感覚に期待して来年度から発足する女性の営業企画スタッフを募集しています。初任給も男女同一です』。T堂製も初採用組。主任が『新商品の企画会議は男性ばかりで、若い女性がどんなものをほしがっているのかなかなか見えなかった。気鋭の女性が加わることで、全く新らしく生まれ変わると思います』。電機メーカーの採用担当者はこう話している。『仕事も待遇も男女同一、お茶くみも課しません。均等法などとっくに先取りしています』」――朝日新聞1986年7月19日

2つのメーカーは、「女性ならではの」という視点での人材活用でとてもわかりやすい。銀行、証券、保険会社はどうだったのだろうか。2020年の女子学生にとってもロールモデル

的なケースがある。

１９８７年、成蹊大学法学部からキリンビールに入社した丸山千種は、男女雇用機会均等法１期生にあたる。現在、キリンエコー株式会社の社長をつとめる。入社当時、苦労が絶えなかった。こうふり返る。

「最初は居場所がありませんでした。当時は量販店ではなく街の酒屋さんがメインのお客さんだったのですが、上司の営業担当者とペアで活動していた私はまったく相手にされません。男性の同期はどんどん仕事を任されているので置いてけぼりです。『少しでもいいので私だけの担当をください』と上司にかけ合って、担当を持たせてもらいました。でも、やっぱり相手にされない。私がお店を訪問しても世間話だけで、新しい飲食店がオープンするといった重要な仕事話は私を飛び越して上司に電話で話されてしまったり。悔しい思いをしました」——ITmedia ビジネスオンライン　２０１９年３月14日
１９８９年、早稲田大法学部から野村證券に入社した鳥海智絵は、野村證券の総合職採用２期生になる。入社６年目でスタンフォード大に留学してＭＢＡを取得した。野村ホールディングス経営企画部長、執行役員を経て、２０１４年、野村信託銀行社長に就任した。早稲田大の入学案内（２０１６年度）に登場してこう語っている。

「学年が上がるにつれて、学部で身につける専門的な知識だけでなく、もっと広範な学問への興味がわいてきたことから、３年次にアメリカへ１年間留学することにしました。（略）教養

の深さはビジネスの場において相手が信用に足る人物かどうかを判断する物差しの1つであり、特に海外の方とやりとりするときにそれを痛感させられます。早稲田には自由を重んじる中にも主体性を持って挑戦する学生を後押ししてくれる風土があります……」

大学にとっては泣いて喜ぶほどの早稲田賛美であり、女子高校生にも夢を与えてくれる内容である。

均等法は、これまで就職差別を受けていた女子学生にとっては朗報だった。明るい未来が待っている、はずだったが、2020年からふり返ると、どの程度、効果があったのかは疑わしい。トップに登りつめた女性は少ない。管理職への女性登用も増えない。それどころか、能力に応じてバリバリ働く女性も多くはなかった。総合職で採用されたはずなのに一般職と同じ仕事しか任されなかった。社員の育成方法が男性と異なるため昇進に時間がかかった。女性差別によってモチベーションを保てず退職した、などである。ジェンダー研究者の男女雇用均等法に対する評価は「実効性なし」というものだった。1980年代後半の四年制大学の女子の雇用拡大は均等法効果ではなくバブル景気効果である。それを裏付けるかのように、バブルがはじけた後（1990年代前半）、均等法は女子雇用を守ってくれなかった。それでもあとに続く女子学生は、自分がパイオニアになって道を作ろうとした。

1990年代、バブル崩壊

1989年末、日経平均株価がほぼ右肩上がりで4万円近くに達し、多くの企業で空前の収益をもたらした。それに伴い新卒採用では売り手市場となり、女子学生の就職率は80％を超え、事実上、過去最高となった。とはいっても、バブルの恩恵を受けたのは圧倒的に男子学生だった。彼らの元には会社案内が積み上げれば天井に達するほど届いたが、女子学生には申し訳ない程度でさびしいものだった。一般企業は男女で採用ルートが異なることが多く見られ、女子は四年制大卒でも事務職採用が主流だった。数少ない総合職採用でも、ほとんどの会社で「結婚しても辞めませんか」と確認されてしまう。一体、何のための均等法なのかといぶかる女子がたくさんいた。それでも就職先には困らない。選ばなければの話だが。しかし、そんなバブルを謳歌できる時代も終わってしまう。

1991年から1993年にかけて、バブルがいっきにはじけてしまう。新聞の見出しを並べてみよう（以下、すべて朝日新聞）。

「上場企業の来春の採用　大卒女子は23％減」――1992年7月21日

「新卒採用が大幅減　大手32社が調査　女性に特に厳しさ」――1992年11月2日
「大卒就職率　2年続けて低下　76・9％に　今春　女子9人に1人無業」――1993年11月17日
「今春の大卒採用　主要2000社民間調査　『女性ゼロ3割以上』」――1994年3月13日
「13万人なお就職未定　女子内定率7割台」――1995年1月12日
「女子の就職　なお氷河期」――1995年5月24日

新聞社、就職情報誌、文部省などの調査でいずれも深刻な就職難が示されており、とくに女子学生の採用枠が減少したと伝えている。なお「就職氷河期」とは、1992年にリクルート社の『就職ジャーナル』が作った言葉で、1994年に新語・流行語大賞で審査員特選造語賞を受賞している。就職氷河期は2005年までの長い期間をさすが、1990年代前半の氷河はあまりにも冷たすぎた。

聖心女子大の学生は戸惑うばかりでこう話している。

「景気が悪くなると女子大生にシワ寄せがくる。何とかしなくてはと気持ちはあせるが、具体的に何をしていいかわからない」――朝日新聞1992年12月19日バブル崩壊でどの業界も景気が悪くなった。企業はコスト削減を進める中で、女子採用枠に手をつけたというわけだ。さすがに均等法の手前、総合職採用を極端に減らすわけにはいかない。そこで事務職採用をゼロにした大手企業がでてきた。１９９５年度では三菱商事、兼松、日本生命、三井生命、朝日生命、清水建設、鹿島、ハザマ、竹中工務店、日本航空、全日空、日本エアシステムなどは事務職は１人も採用されていない。トヨタ自動車は前年比の3分の1となる１２０人まで減らした。総合職採用もかなり厳選されてしまい、相当な狭き門となった。フェリス女学院大の就職課長が不信感をこう募らせていた。

「これだけ男性並みの能力を求めながら、なぜ女性を男性並みの社員として採用しないのか。なぜ一部の有名大学、ブランド学部の女性しか総合職になれないのでしょうか」

女子学生も当然、怒る。均等法施行のころ、多くの企業が女性は新戦力と喧伝していたのに、なんて身勝手な話なのか。

バブル崩壊で経営難に苦しむ大企業にすれば、一般職を派遣その他の非正規雇用への転換に求めていた。いくつかの企業で、面接では女子を採用したくないのでは、と思わせる厳しいやりとりがあった。１９９3年、富士銀行（現・みずほ銀行）の調べによれば、女子学生4人に1人が、面接の時間にいったら1時間以上待たされたなどを理由に、「頭を下げられてもこの会社に入りたくない」と思った経験があるという。関東の大学就職部が行った学生の就職活動に関する調査でも、「女性であることの不利益」を感じた学生が半数にのぼることがわかった。

自由記入欄にはこんな声が届いている。

「母子家庭だったこともあり、嫌がらせかと思うほどひどいことを聞かれた。母の面倒はどうするのか。父はどうしていないのか等。女性であるというだけで、一生懸命頑張ったとしても報われないことがあるのだと、この就職活動で初めて知りました」

「ある食品商社の面接で『男女平等と言っても、女の子はいつ辞めるか分からないでしょ。重い荷物も持てないでしょ。そこまでして女の子を採るつもりはない』といわれ、応募書類を返されたのがすごく悔しかった」――以上、朝日新聞1994年1月10日

タチの悪い圧迫面接である。さらに悪質なのが、セクハラ面接だ。

1994年9月、「働く女性のための弁護団」が「女子学生就職問題ホットライン」を開設した。こんな相談があった。

「商社の面接で『セックス体験』『好きな体位はあるか』と聞かれた。女性はとりたくないみたい。担当者は個人的に会いたいと言ってきて電話番号を聞いてきた。結局、不合格」

「面接で個室に通され、55歳ぐらいの男性から性体験などを聞かれた。男性はテーブルの向こうでマスターベーションをしていた。内定をもらったが、こんな会社にはいってしまっていいのか」

ここまでくると性暴力である。

1990年代半ば、女子の就職率はバブル期の80％台からいっきに60％台まで落ち込んだ。

内定がほしい女子学生にすれば、力関係は圧倒的に弱い。そこにつけこもうとする。社長から「内定を出す」と言われた後、しつこくつきまとわれたケースがメディアで紹介されている。

「『会社の将来を語り合いたい』と食事に誘われた。父親と同年配の50代。『面倒見のいい会社だな』と思って出かけたが、食事の後、『腕を組んでほしい』『手を触らせてくれ』。性体験や恋人の有無も聞かれた。嫌な顔をすると、『ウチの女性社員も、性体験を聞くとにらむので困る』。帰り際にキスまで強要され、必死で押しのけた」——朝日新聞1994年1月17日

1994年、いくつかの大学の女子学生が集まって、「就職難に泣き寝入りしない女子学生の会」を結成した。坂井希（東京大）、山本陽子（東京農業大）、五味洋美（和光大）の3人が発起人となる。この年の求人倍率は1・20倍で、女子大だけでは0・61倍だった（——リクルートリサーチ社調べ）。同会はリクルートスーツパレードを実施、女子学生への就職差別を訴えた。

また、『就職黒書1994』を編んで、女子学生への差別、セクハラを告発した。

たとえば——

「同じ会社から、男子には資料が返ってきても、女子には返ってこない」（桜美林大）

「スーパーの説明会で『女子は全員レジをやってもらいます。それでもいい人は残ってください』と言われた。商品管理とかやってみたかったから当然そこはやめた」

『あなたは処女ですか』と聞かれてびっくり。（略）『こんな質問をして学生の反応を見るんだよと開き直った』」（上智大）

「緊急に連絡するといっても連絡がなく、こちらからのものは取り次いでくれない」（早稲田大）

坂井希は当時をふり返ってこう話している。

「多くのマスコミは『セクハラ面接で何かひどい例はないか』『企業名を出して報道したいのだが情報をつかんでないか』『就職活動中の4年生女子を紹介してくれ』と、いかにセンセーショナルな記事・番組を作るかにのみ熱心で、こうした運動に参加している学生、とくに4年生が、マスコミに出て実情を訴えることにどれほどの勇気が必要かといったことなどにはまるで気づかないようでした。いろいろ私たちにインタビューして、最後に必ず出る質問が、『こういうことをやって就職に不利になると思いませんか？』。これに対して『だれかやらないと変わりませんから』と話したものです」

歴史を繰り返している。2010年代後半もまったく同じような状況だった（42ページ参照）。四半世紀のあいだ、女子学生は就職活動で性暴力にさらされることもあり、しかも、企業からも行政からも放置されていた。そして、マスコミは「セクハラ事例を教えてほしい」「女子学生を紹介してほしい」と勝手なことばかり言う。情けない話である。

2000年代

２０００年代半ばになって、就職氷河期がようやく一段落ついた。その後、インターネット上でのさまざまなビジネスが花開き、ＩＴ関連企業が羽振りの良さを見せることになる。女子学生も「ＩＴ系」に関心を寄せた。楽天、サイバーエージェント、ライブドアなど。ＩＴバブルもおこったが、そうは長く続かなかった。

就職活動において、ＩＴ系に加えて外資系企業、ＭＢＡ、コンサルタント、やがて起業ということばが盛んに使われはじめた。自分の能力をグローバルな世界で存分に生かせると。たとえば、女子学生からすれば、ディー・エヌ・エー会長の南場智子はあこがれの存在となるロールモデルだった。

南場は１９６２年生まれ、津田塾大卒業後、マッキンゼー・アンド・カンパニーに入社。ハーバード・ビジネス・スクールに留学してＭＢＡを取得。30代前半でマッキンゼー日本支社のパートナー（役員）に就任。１９９９年、ディー・エヌ・エーを設立して今日にいたる。欧米ではこうした女性を普通に見かけるが、日本では企業トップになるケースは多くない。それでも男性社会の組織でがんばっている、大学受験パンフレットに掲載された元・女子学生を紹介しよう。

・**京都大法学部→日本銀行**（2007年卒）

「4年間で法律、政治、経済、会計などから語学まで多くのことを学びました。特に会社法のライブドア対ニッポン放送事件等の判例研究を行ったことや、中国法の講義をきっかけに中国に興味を持ち、中国に留学したのはよい思い出です」

・**中央大理工学部→日本ユニシス**（2009年卒）

「私は普遍的なマーケティングの知識と専門的なITスキルを身につけようと思い、理工学部の経営システム工学科を選びました。（略）統計学や確率論といったマーケティングの知識や、ITのスキルは、お客さまのニーズを探ったり、システムを構築したりするときなど、私のキャリアですべて役に立っています」

キャリアウーマンということばは死語になりつつあるくらい、女子学生のあいだで使われなくなったが、自分のキャリア、スキルを磨いて、できれば一生働きたいと願う女性にとって、男女雇用機会均等法で道を開こうとした彼女たちの活躍は励みになった。

女子学生にとってもっとも憧れる職業の1つにアナウンサーがあった。大学もそれを十分に承知している。大学案内にはOGのアナウンサーが見られるようになった。女子高生に「わが大学にくれば夢はかなえられる」という幻想を与えたかったのだろう。5000人に1人という天文学的な倍率という現実はひとまずおいといて。

青山学院大学の2009年度版パンフレットは壮観だった。巻頭ページを飾ったのは、テレビ朝日アナウンサーの堂真理子（2004年卒）、市川寛子（2003年卒）の「卒業生スペシャル対談」である。学生、教授、学長をさしおいての4ページぶち抜きの「女子アナ対談」はインパクトがありすぎて、ファッション誌と大学案内の区別がつかなかった。

堂真理子「文学の講義はもちろん、英語で演劇したり、映画の字幕を作ったり、自分たちで何かを作り上げて英語でプレゼンテーションをしたり、多様な学び方ができたことが印象深いです」

市川寛子「戦後の日本経済史を中心に学びました。（略）私たちのゼミでは学生が主体となってゼミを運営していくので、自立心や物事を論理的に考える基礎を鍛えられたと思います」

2008年、リーマンショックがおこった。全般的に企業の業績は悪化し、頼みのIT系企業もいくつか破綻する。企業の統廃合でリストラ、非正規雇用が問題となった。新卒採用でまたも氷河期に逆戻りである。

このころ、大学進学率が5割近くになりこれまで大学に入学しなかった層がキャンパスに現れた。意欲が乏しく基礎学力が十分でない学生である。彼らが就職試験に受かるのはむずかしい。リーマンショック直後の氷河期では、なかなか内定がもらえなかった。

だいたい、その頃である。早慶MARCHなどにも、「一般職のほうがいい」という女子学生が現れていた。大学のキャリアセンターの職員は驚く。

週刊誌『AERA』が、「夢見る早慶女子『一般職』に殺到」という記事を掲載している。大手損保に一般職として就職した慶應義塾大出身の女子の話が紹介されている。

「総合職でバリバリ働いていた先輩がうつになったり仕事を辞めたりするケースを見聞きして、考えた。その上で結婚して子どもを産んでも続けられる仕事がいいと、一般職を選んだのだという。ばりばりやりたくなったら、総合職に転換すればいいとも思っていた。入社時の基本給は18万円。

『学生時代の予想より驚くほど。絶対に1人暮らしできないけれど、不満に思ったことはありません。仕事は補佐的な部分が中心とはいえ、やりがいはあります』」——同誌2012年2月13日号

週刊誌はときおり、レアケースを一般化することがある。「女子大生の多くが男性経験豊富」のように。この記事も見出しの「殺到」はあおりすぎだが、一般職志向が強まった傾向は、大学就職課に聞くと多くなったという返事が返ってくる。

「早く結婚して子どもを産みたい。主婦になりたい」という主婦願望も、女子学生のあいだで聞かれるようになった。『専業主婦になりたい女たち』(——白河桃子　ポプラ社　2014年)に

よれば、最初から専業主婦を希望する女子学生は都内中堅女子大で20％、早稲田大で５％程度。30歳ぐらいまでは仕事し、子どもができたらその後は家庭に入るという専業主婦志向は、女子大では44％、早稲田大では28％にのぼるという。仕事よりも家庭を大切にしたいと願う女子学生が増えた、ということか。大学の進学率が半分を超えたことによって、大学がエリート機関ではなくなり、さまざまな考え方を持つ学生がキャンパスに現れた。多様化（ダイバーシティ）である。大学進学圧力のうえ、就職圧力まで身にふりかかる。そこには、ダブルインカム率の上昇、妻の就労を求める男性の増加によって、就労継続がマストになっている背景がある。

2010年代

大学をとりまく環境に女性差別はなくなった、と信じたい最近10年間だが、医学部での女子入学制限、就職活動では相変わらず女子が不利など、男女平等にはほど遠い。残念な話である。内定をなかなかもらえない女子学生がいる。本人は自信を失い、自分はダメな人間だと自己肯定感を恐ろしく低く設定してしまう。大学キャリアセンターはそんな女子学生を一生懸命に励まし熱心に支援する。彼女たちのためだが、大学にすれば、わが校から有名企業に多く就職した、わが校の就職率はほぼ100%とアピールして、受験生を多く集めたいという思惑がある。

大学案内にはOG女子学生の就職先としてよく登場する業界がある。航空会社、キャビンアテンダント（CA、客室乗務員）だ。

CA人気が衰えることはない。2010年代半ば、日本航空、全日空、外資系航空会社がCAの大量採用に踏み切ったこともあって、多くの大学生がCAを目指すようになった。それに伴い、女子学生が多い大学、女子大はCA就職支援に取り組むようになった。

関西外国語大はオープンキャンパスで「現役CAと話そう」というコーナーを設けて、関西外国語大出身のCAが航空会社の制服姿で、仕事の内容や在学中の経験などを話している。実際、本物のCAに会えたことでたいそう感激する高校生がおり、将来への夢を大きく膨らませている。

青山学院大にはCA養成のためのインターンシップ「カンタス航空CA体験プログラム」がある。同プログラムは、オーストラリア・シドニーにある「Western Sydney University」で2週間の英語研修を受けた後、カンタス航空本社で1週間の就業体験を行う。しかも単位認定対象となっている。就業体験について大学はこう説明する。「カンタスが実際に新人研修で行うプログラムを、制服を着用して受けていただきます。内容としてはグルーミングや各クラスの機内食の調理、サーブ、カスタマーサービス研修、などがあります」（――大学ウェブサイト）

名古屋外国語大は、全日空など航空会社と連携した「エアライン・ホスピタリティ科目」を、全学部全学科で正規授業として履修できる。教員には国際線ＣＡやグランドスタッフの経験者、講師として現役のＣＡがおり、航空業界の最新情報を学ぶことができる。また、「エアラインドリカムプラン」があり、オーストラリア・ブリスベンなどでのＣＡ体験型海外研修がある。

これまで大学は「ＣＡ養成の就職予備校ではない」という立場から、ＣＡに特化した講座やコースを設けることはしなかった。はしたないと思っていたフシもある。しかし、ＣＡを希望する学生の要望に応え、対策講座が作られていく。大学の経営戦略上でも、ＣＡ就職者が多いことで受験生を集められメリットになるという判断からだ。航空会社にとっても優秀なＣＡを採用できるので、日本航空や全日空は大学で出張講義を行っている。国は政策として専門職育成を掲げている。この方針に沿う形で、近い将来、ＣＡ学科が誕生するかもしれない。女子学生、大学、航空会社、国の4者にとってはいいこと尽くめだが、大学がこれ以上、就職予備校化が進んでいいのかは、はなはだ疑問だ。

ＣＡ就職者ランキングの上位校にミッション系女子大が並ぶ。なるほど「お嬢さま」のイメージとよく合うという見方がある。だが、これは一面的だ。昨今、ミッション系女子大学には、そんなイメージとはかけ離れた職業を求める女子学生が現れた。

清泉女子大２０１７年卒のＡさんは、日本航空の運航乗務員訓練生としてＪＡＬスカイ札幌千歳旅客部に配属されている（２０１７年現在）。パイロットになるためだ。大学のウェブサイトでこう語っている。

「パイロットになりたいと言った時にも、就職課の方からは励ましの言葉をいただきました。前例がないから諦めるのではなく、新しいこと、挑戦することを尊重してくれる。大学全体が応援してくれる。清泉には、前向きな環境がありました。これからも挑戦することを忘れず、道を拓いていけるような女性パイロットを目指していきたいと思います」

白百合女子大２０１３年卒の富樫麗加は競艇選手として活躍し、ネットで次のように紹介された。

「『みんなと同じことはしたくない』と考えていた彼女の運命が変わったのは、大学１年の春。たまたま通りかかったボートレース場から聞こえた爆音に一瞬で魅了されたのだ」――『週プレニュース』２０１６年7月17日

白百合女子大２０１０年卒の滝川あずさは元プロレスラーだ。在学中、「ミス白百合」となり、アナウンサーをめざすが、その夢は叶わず、テレビのプロレス中継を見てリングアナの存在を知って、「東京女子プロレス」に「リングアナをやらせてほしい」と売り込んだところ、「まずはレスラーをやらないか」と誘われてしまう。いまは、「東京女子プロレス」の広報を担当している。

聖心女子大のウェブサイトに警察官になったＯＧが紹介されている。２０１５年、文学部か

ら警視庁に入った岡田侑里の話である。

「授業でストーカー予備軍に関する研究を行ったことがきっかけとなったと思います。この研究は、ストーカー予備軍についての対策を考える目的で行ったものでしたが、被害の現状や規制の難しさ、加害者の無自覚さや多様性などの傾向について調べていくうちに、どうすればストーカー犯罪を減らすことができるのだろうか、悩んでいる被害者の方たちの力になりたいと考えるようになりました。そう思うようになったのは、わたし自身小さな事件に巻き込まれたことがあって、その時に話を聞いてくださった婦人警察官の方の温かい対応が、強く印象に残っていたからかもしれません」

聖心女子大としても、女性の生き方、キャリア形成として、警察官という進路を薦めている。学内で警察官を呼んで警察機構の説明をさせるぐらいだ。そういえば、聖心女子大出身の国会議員山谷えり子が国家公安委員会委員長をつとめていた（2012〜2014年）。縁はある。

警察官、パイロット、競艇選手、プロレスラー。「お嬢さま」の多様性は、女子大のイメージを変えるかもしれない。それは女子大にとってもありがたいことだ。少子化、共学志向で女子大への志願者が減っているなか、警察官やプロレスラーを輩出する女子大は魅力的に映る。

女子学生の職業の選択肢が広がった。よいことである。

しかし、女子学生が就職活動において闘いを続けなければならない。日本の社会の不幸な一面である。

第10章

女子学生が文化を創造する

（小説、映画、音楽でインパクトを与えた女子学生たち）

女子学生の歴史をまとめるにあたって探ってみたいテーマがあった。女子学生という立場で学術、文化面でどれだけ貢献したか、である。学術分野では、女子学生による学問業績を概観し分析するには筆者自身、力不足であり、また、ことさら女子学生だからという観点でとらえることに合理性を求めるのはむずかしく、今回は触れなかった。

大学の総代=卒業生代表に選ばれたら、大学の優秀賞を獲得する女子学生が多いのは、注目していい。「女の子は男の子よりもまじめでコツコツ勉強するから」という旧態依然な見方をしたところで解明にならない。学問の世界に性差を持ち込むのは間違いである。だが、研究者養成において、女性ゆえに不当な差別=アカデミックハラスメントを受ける、それによって優秀な女性が学術分野で活躍できないケースがあることは指摘しておきたい。

1960年代半ばの雑誌でこんな記事を見つけた。「東大経済学部を首席で卒業した才女」(——『サンデー毎日』1966年4月17日号)である。

このときから半世紀経った2010年代半ば、『東大首席弁護士が教える超速「7回読み」勉強法』(——PHP研究所 2014年)が話題になった。東京大プラス首席に女性が加われば、売れると考えるメディアのセンスは50年近く進歩しなかったことになる。羨望とコンプレックスごちゃまぜの編集者のなせる業であろう。

「女子大学生　私は勝負する」

文化面（小説、映画、音楽）で、大きなインパクトを与えた女子学生はたくさんいる。紹介しよう。

まずは小説である。

１９４９年に大学が誕生してまもなく、女子学生はサークルの文学雑誌、地域の同人誌で小説を発表している。やがて、これらが著名な作家から高い評価を受け、文芸誌で紹介されるようになった。

聖心女子大の曽野綾子は同人誌に書いた小説が文芸評論家の臼井吉見の目にとまって、作家グループ「新思潮」に加わる。その後、『三田文学』に発表した「遠来の客たち」が１９５４年上半期の芥川賞候補となって注目され、文壇デビューを飾った。

同じころ、東京女子大在学中の有吉佐和子も「新思潮」に加わって小説を書き、卒業後に発表した『地唄』が芥川賞候補となる。彼女たちの登場について、当時のメディアは「才女の時代」と評している。

１９５０年代半ばになると、さまざまなテーマで女子学生が表現活動を行うようになった。

１９５６年、お茶の水女子大の岩橋邦枝が『逆光線』（――三笠書房）を刊行する。同書には独身女性が妻子ある大学教員と交際するシーンが描かれ、こんなやりとりがある。

「躰でたしかめ合っている間だけしか信じてはいけないのよ。あなたは最初に、決してわたしを縛らないと約束したでしょ」。

「縛らない。結婚しても、君がコミニストになろうが外で働こうが自由だ」。

1950年代の結婚観としてはかなり先進的である。

1959年、早稲田大の学生、門脇順子が『女子大学生　私は勝負する』（東西文明社）を刊行した。女子学生の学生生活を描いたものだが、こんな一節がある。

「彼が私の乳房をもみ始めたとき、私のからだの奥深くにひそんでいた欲望が、ひそかにうごめきだした……。私は以前からヴァージンというものを、結婚式の引き出物にするのは、愚劣だと考えていた。男たちが、自分では勝手なことをやってきておきながら。いざ結婚となると、争って処女を買いたがる非合理性、その品物的扱いには、腹を立てていたのである。私の頭は、ヴァージンなんてものは早く捨てるべきだと命令していた」。

この作品は映画化されており、映画パンフレットで門脇は。「性の遊技を三度の食事さながら取り扱っている女子大生に鋭くメスを入れた」と記している。「逆光線』「女子大学生　私は勝負する』はいずれも、「『太陽の季節』の女性版」「女・石原慎太郎」と騒がれた。

日本女子大の高橋留美子、早稲田大の見延典子、栗本薫、小川洋子

1960年代、政治的なテーマを硬派な語り口で表現した作家が現れた。

明治大の倉橋由美子は『パルタイ』を書いて明治大学学長賞を受賞し、まもなく「文學界」に転載された。1960年上半期の芥川賞候補となる。パルタイ（Partei）とはドイツ語で「党」の意味で日本共産党を指しており、同党の体質が描かれている。倉橋は大学院進学後に発表した『夏の終り』で再び芥川賞候補となった。倉橋の作風は大江健三郎に近いといわれ、学生時代にデビューし政治を題材にする共通項もあって、2人は比べられることが多かった。

同年、慶應義塾大の夏樹静子の『すれ違った死』が江戸川乱歩賞候補となる。のちに「Wの悲劇」や『検事 霞夕子』『弁護士 朝吹里矢子』のシリーズなど推理小説の世界で広く知られるようになった

1960年代、大御所となる女子学生漫画家が誕生した。

1967年、東京教育大（現・筑波大）の池田理代子が『バラ屋敷の少女』で登場する。1972年、『ベルサイユのばら』が大ヒットした。

また、徳島大の竹宮惠子は高校時代にデビューしたが、大学入学後も多くの作品を残した。代表作は『風と木の詩』。2014年に京都精華大学学長に就任している。

1970年代後半、女子学生漫画家として日本女子大の高橋留美子が『うる星やつら』で登場した。お茶の水女子大漫画研究会の柴門ふみも在学中にデビューしている。

女子学生作家に話を戻そう。

1978年、早稲田大の見延典子は卒業論文として『もう頬づえはつかない』を執筆し、講談社から刊行され、50万部以上の大ベストセラーになった。「大胆な女子大生の性描写」という宣伝文句が喧伝されている。こんなシーンがあったからだろう。

「からだ中をなめまわされ、性器をいじくられ、ぴょんと突き出た乳首を血がにじむほどかまれても、彼なら許せた。（略）いや、夜だけではない。朝であろうが、昼であろうが、私たちは制止が利かない若い欲望に耽っていた。恒雄が一動きするたびに、わたしは自分の鼓膜を疑いたくなるような嬌声を上げ、からだを大きくのけぞらし、めちゃくちゃになりたかった」

見延が在籍していた第一文学部文芸コース（文芸専修）が作家供給元となる。指導教員は平岡篤頼教授で教え子には卒業後、作家となった栗本薫、小川洋子、角田光代などがいる。

身延と同時期、青山学院大の松浦理英子が注目された。「葬儀の日」で文學界新人賞を受賞、芥川賞候補になる。

1980年代、津田塾大の山本昌代が『応為坦々録《おういたんたんろく》』で文藝賞を受賞、明治大の中沢けいが「海を感じる時」で群像新人文学賞を受賞した。

中沢と同じころに明治大に通っていたのが、山田詠美だ。漫画研究会に入り、『漫画エロジェニカ』で本名の山田双葉で漫画家として活躍している。1985年、「ベッドタイムアイズ」で文藝賞を受賞する。

1980年代、「女子大生ブーム」が起こるなか、『ANO・ANO（アノアノ）スーパー・ギャルの告白メッセージ』が話題となった。著者は下村真澄と宮村優子の女子学生である。『月刊宝島』の連載をまとめたもので、「現役女子大生の本音」としてセックス描写がおおらかに描かれている。まもなく、にっかつロマンポルノで『ANO・ANO　女子大生の基礎知識』として映画化もされ、女子学生が出演している。

成城大の椎名桜子は『家族輪舞曲』を発表するが、そのプロモーションが前代未聞だった。「名前・椎名桜子 職業・作家 ただ今処女作執筆中」「22歳大型新人の書き下ろし処女作。新たな青春文学の誕生」というキャッチコピーを広告展開する。『家族輪舞曲』は映画化され、監督も椎名桜子がつとめた。当時、彼女は新聞のインタビューで記者の問いかけにこう答えている。

「勝手にマスコミが、なんかしらの像をつくりあげてもてはやして、で、ちょっとなんかこう、私自身が前に出てきて目ざわりなことを言い出し始めたら、今度はこう、けなすという形で。なんかマスコミが1人で持ち上げたりけなしたりしているなって感じはすごくしますけど」

――朝日新聞1990年2月2日

堀田あけみ、綿矢りさは小説家デビュー後に大学入学

1980年代後半、日本大の吉本ばななが衝撃的なデビューを飾っている。1987年に海燕新人文学賞を受賞の『キッチン』。続けて発表した『TUGUMI』が売れに売れた。集英社が『小説ジュニア』、コバルト文庫を創刊し、少女向けライト小説という新たなジャンルを作り出した。小学生から大学生までの10代少女から熱狂的に支持されたのは、「コバルト四天王」と呼ばれた4人の女子学生作家がいた。氷室冴子、正本ノン、久美沙織、田中雅美である。

藤女子大の氷室冴子は「小説ジュニア青春小説新人賞」で佳作となり、1977年にデビューした。代表作は『なんて素敵にジャパネスク』シリーズである。上智大から正本ノン、久美沙織が生まれた。中央大の田中雅美はコバルト文庫などで少女小説を描き始めた。四天王に近い世代として、立教大の新井素子がSF作家として高校生、大学生の支持を集める。高校生の頃から名前が知られており、若者の話し言葉をふんだんに取り入れ、一つのセンテンスを「が。」の2文字で終わらせて改行を繰り返す文体でストーリーを展開していた。立教大には酒井順子もいた。『Olive』（マガジンハウス）に、「マーガレット酒井」のペンネームでコラムを連載していた。

一方、女子学生漫画家が誕生している。

駒澤大の中尊寺ゆっこは幼少のころから漫画を描き、大学在学中はバンド活動に専念していた。卒業間際に『週刊漫画アクション』新人賞に入選して、漫画家としてデビューをはたす。「スイートスポット」でOLの「オヤジ化」を描いた漫画として「オヤジギャル」が新語・流行語大賞新語部門・銅賞を受賞した。

武蔵野美術大の西原理恵子は成人雑誌にカットを描いていた。それを見た小学館の編集者が『ヤングサンデー』に彼女を起用し、『ちくろ幼稚園』でデビューする。

一橋大の倉田真由美は就職活動で失敗した経験をネタにした漫画が『ヤングマガジン』ギャグ大賞を受賞したことをきっかけに漫画家となった。いまはなき山一證券の最終面接で会社を選んだ理由を「歯医者が近いから」と答えてしまったという天然さが存分に漫画に活かされた。

小説の世界に話を戻そう。

１９８０年代後半から、デビュー作家の低年齢層化が見られるようになった。高校時代、すでに小説を完成させ、大学入学とともに文学賞を受賞してデビューするというケースだ。

上智大の鷺沢萠は『川べりの道』で文學界新人賞を受賞したが、高校生のころから書きためていた作品だった。

名古屋大の堀田あけみは１９８１年、愛知県立中村高校の女子高生のころ、『１９８０アイコ十六歳』で文藝賞を受賞した。大学入学後、女子高生や女子学生の恋愛を描いた小説を書き続けた。現在は、椙山女学園大国際コミュニケーション学部教授をつとめる。

早稲田大の綿矢りさは京都市立紫野高等学校在学中に『インストール』で文藝賞を受賞した。大学入学後に発表した『蹴りたい背中』で芥川賞を受賞した。同賞受賞の最年少記録である。この作品を掲載した『文藝春秋』2003年3月号は初回80万部が完売し増刷で118万5000部を売った。同誌の最多発行部数を更新する。しかし、キャンパスで綿谷はふつうの女子学生生活を送っていた。当時をこうふり返っている。

「『大学で学生から声を掛けられたでしょう?』と聞かれるんですが、全然そんなことはありませんでした。むしろ学生さんたちは冷静で、特にいつもと変わらないような感じですかね。昼は授業を受けて、帰宅して夜になると小説を書くという毎日。生活のリズムを崩してつらい日々だったけど、早稲田はちょっと蔭のある学生でも受け入れるような雰囲気があったので、自分が浮くような感覚はありませんでした」――毎日新聞2019年9月18日

早稲田大を卒業した吉永小百合、中退した広末涼子

続いて、映画の世界で活躍する女子学生を紹介しよう。女優といったほうがいい。

早稲田大の吉永小百合は1957年にラジオドラマ出演で芸能界デビューしている。都立駒場高校、精華学園女子高校で学ぶが、芸能活動が多忙で中退し、大学入学検定試験を経て、

１９６５年に大学へ入学した。日活の専属俳優として年10本以上出演することもあった。その一方、大学では馬術部に属していた。吉永は留年することなく１９６９年に卒業する。しかも成績優秀で「次席」として表彰された。それほど出席が厳しくない時代とはいえ、並大抵の努力ではない。卒論は「アイスキュロスの『縛られたプロメテウス』におけるアテネの民主制について」。

早稲田大は演劇活動が盛んであり、女優を輩出している。室井滋は１９６０年生まれ。１９８０年代、早稲田大のシネマ研究会で自主映画を作っていた。１９８１年、村上春樹原作の映画『風の歌を聴け』で映画デビューを果たした。中井貴恵は佐田啓二の長女、2世俳優であり、映画『女王蜂』にいきなりヒロインとしてデビューした。令嬢役だったが、中井は田園調布雙葉高校出身であり、お嬢さまの雰囲気を十分にかもし出していたと当時、評されており、新人映画賞を受賞している。

１９９９年、広末涼子が自己推薦制度で入学したが、ほとんど出席しないまま退学した。広末はメディアからバッシングされてしまう。たとえば、「早大3年　広末涼子『出席ゼロ』のふざけた行状　いまや全く大学に姿を見せていない。おまけに欠席した授業のノートをマネージャーを使って借りさせる始末」（――『週刊現代』２００１年7月21日号）など。早稲田大の学生、教職員、ＯＢＯＧのなかには「吉永小百合以来」と歓迎する向きがあったので、残念がる早稲田大関係者は少なくなかった。

慶應義塾大には、附属の慶應女子高校時代から女優を続けていた女子学生が活躍する。紺野美沙子、菊池麻衣子で、2人ともNHKの朝ドラ（連続テレビ小説）のヒロインとなり全国区の知名度を得た。紺野は高校時代にユニチカのマスコットガールとなり、NHK少年ドラマシリーズで女優デビューしている。菊池も高校生のときに映画に出ているが、『たけし・逸見の平成教育委員会』に出て知性派の側面を見せていた。慶應女子高校は芸能活動に寛容である。2人の後輩にあたる芦田愛菜がそのまま慶應義塾大に進み、朝ドラのヒロインになる可能性は高い。

紺野、菊池には知的なお嬢さま系のイメージがつく。その系譜をたどると、檀ふみにたどりつく。作家、檀一雄の長女で1974年、1年浪人して慶應義塾大に入学する。NHKのクイズ番組『連想ゲーム』でレギュラー出演しており解答率が高かった。これも知的なイメージにつながったのだろう。

檀、紺野、菊池とはすこし毛色が違う演技派女優が慶應にいる。二階堂ふみだ。どのような役柄でもなりきってしまう才能に惚れ込む監督が多い。2020年の朝ドラのヒロインとなった。慶應の女子学生が朝ドラに出るのはこれで3人目だ。

続いて、明治大を見てみよう。

1960年代、日活映画でアクションや恋愛映画のヒロイン役として「日活3人娘」の吉永小百合、松原智恵子、和泉雅子が活躍している。このうち松原は明治大文学部二部に籍をおきながら、映画のロケで全国を飛びまわっていた。在学中、ブロマイド売り上げ女優部門1位を続けていた。

田中裕子は明治大在学中で文学座に在籍している。朝ドラの『マー姉ちゃん』『おしん』に出演した。『おしん』から約30年後、２０１１年、朝ドラのヒロインとなった井上真央は4歳で劇団東俳に入り、小中学生のころからドラマに出演していた。２００５年に明治大に入ると、ドラマ、映画の『花より男子』に出演する。井上は学生時代をこうふり返る。

「憧れていた『大学生活』が実現できたことですかね。よくある、大講堂のいちばん上で講義を聞いているあの感じとか（笑）、食堂に友達みんなで行って学食を食べるとか、そういう大学生らしい生活ができたことは楽しかったですね。学食に行ったあと、次の時間に授業がないと屋上に行ってのんびりしたり、授業の合間にカラオケに行ったり。それで、『間に合わない！』って走って学校に帰ったり（笑）……」――『マイナビ学生の窓口』２０１７年11月8日

北川景子は高校時代にスカウトされてモデル、女優として活躍する。２００５年、明治大に入学した。この年、映画デビューを果たす。在学中、明治大のパンフレットの登場し、こう綴っている。「この大学の魅力をひとことで言うと『自由な校風』です。商学部では広告・宣伝などの分野を広く学べる点が今の職業に多く関わるのでとても役立っています」――２００９年度版

山本美月は高校時代、「東京スーパーモデルコンテスト」でグランプリを獲得して、ファッ

ション誌『CanCam』の表紙を飾った。２０１０年、明治大に進む。『ドクターX～外科医・大門未知子』など人気ドラマに出演している。学生時代をこうふり返る。「大学に通うことが仕事の息抜きみたいになっていましたね。友達とみんなで一緒に勉強したり、放課後にごはんを食べたり……楽しかったです。でも、テストは本当に大変で、みんなで協力しあって先輩から過去問を集めたり、授業のプリントをとっておいてもらったりしました」――『マイナビ学生の窓口』２０１８年5月21日

多摩美術大のユーミン、慶應義塾大の竹内まりや

最後にミュージシャンを紹介しよう。

女子学生でありながらミュージシャンとして活躍する姿は、その女子学生と同世代にとって誇るべきことであり、嬉しいものだ。

ミュージシャンに女子学生が登場するのは、１９６０年代に入ってからだろう。

東京大の加藤登紀子は１９６５年東京大在学中、日本アマチュアシャンソンコンクールで優勝して、翌年には「誰も誰も知らない」でデビューを飾っている。

１９７2年、キャンディーズが結成された。メンバーの伊藤蘭は、73年に日本大に入学するが、「女子大生歌手」と騒がれることがあまりなかった。

１９７０年代に入ると、フォーク、ニューミュージックと呼ばれる分野で女子学生が華々しい活躍を見せる。多摩美術大の荒井由実は１９７２年にデビューし、「ひこうき雲」「ミスリム」「コバルトアワー」を発売し合わせて80万枚が売れ、一女子学生ながら、「ニューミュージックの女王」と呼ばれる。『週刊現代』（——１９７６年２月５日号）がこんな見出し、リードを付けて伝えている。

「注目の女子大生歌手　布施明よりすごい女のコ　75年レコード売り上げＮｏ・１は『シクラメンのかほり』の布施明でも、演歌じゃ日本一の北島三郎でもない。二十二歳の女子大生歌手だった。若者風俗そのままのやさしさが井上陽水を追い抜いた——われわれは無関心ではいられない」

荒井が同誌のインタビューにこう答えている。

「音楽は趣味でやっているんです。プロ意識なんかないわ。喰うためにやったらいい音楽なんかできません。音楽で金を稼ごうなんて考えていないの。今は軌道に乗ってお金が入ってきますけど」

荒井由実の登場から少し遅れて、１９７８年、慶應義塾大の竹内まりやがデビューしている。１９７９年のシングル「SEPTEMBER」で日本レコード大賞新人賞を獲得した。「SEPTEMBER」のコーラスアレンジの１人に東京女子体育大の宮川榮子がいた。彼女は、１９８０年、EPOとして「DOWN TOWN」でデビューする。フジテレビ『オレたちひょうきん族』のエンディングテーマとして、だれもが口ずさむほど売れた。EPOはこんな話をしている。「嫁入り道具のひとつとして普通の大学に行きたくなかったので体育大学をを選んだの」
——『週刊現代』1981年10月8日号

体育大学に通う女子学生ミュージシャンには、しまざき由里がいた。1975年に東京女子体育大学に入学するが、すでに、『みなしごハッチ』の主題歌を唄っており、音楽歴は長い。大学入学後はドラマ『Gメン'75』のエンディングテーマを担当していた。

1978年、青山学院大の学生を中心としたサザンオールスターズが「勝手にシンドバッド」でデビューした。キーボード担当の原由子は青学の女子学生だった。

上智大の女子学生ミュージシャンはアメリカンスクール出身

1980年代、ポプコン（ヤマハポピュラーソングコンテスト）出身の女子学生がデビューを果たしている。

1982年、椙山女学園大の岡村孝子と加藤晴子のデュオグループ、あみんが、ポプコンで「待つわ」を歌いグランプリを受賞し、すぐにデビューした。「待つわ」は同年のオリコン年間売上1位となり、紅白歌合戦にも出場する。

1983年、奈良女子大の辛島美登里はポプコンに近畿地区代表で出場、グランプリを獲得しており、同年の世界歌謡祭にも出場した。のちにクリスマスソングの定番となった「サイレント・イヴ」を大ヒットさせている。

１９９０年代、関西大の矢井田瞳（yaiko）がデビューしている。２０００年に「My sweet darlin'」が大ヒットした。学生時代をこうふり返っている。「デビューして1～2年はまだ大学生だったので、親から『卒業はしてね』って言葉では言われなかったですけど、すごいプレッシャーがあったし（笑）、私も卒業したかったので、月～金曜は大阪で大学へ行って土～日曜は東京で仕事という。で、どちらも頑張りたいと思っていたし、若さで乗り切りたい！みたいな感じだったので」——ネットマガジン『BARKS』２０１９年8月9日

２０００年代、立命館大の倉木麻衣は高校時代からデビューしていたが、大学入学後、音楽活動を中断することはなかった。こうふり返っている。

「両立の難しさは覚悟していたものの、やはりレコーディングと試験期間が重なってしまった時は特に大変でした。スタジオに教科書を持ち込んでテスト勉強をしたり、宿題をしたり。睡眠不足が続いてくじけそうになることもありましたが、周りのサポートで乗り切ることができました。欠席した授業のノートを貸してくれた友達、講義内容を丁寧にフォローしてくださった先生方には本当に感謝しています」——立命館大校友会ウェブサイト

女子学生ミュージシャンのグローバル化が進んだ。その象徴的な大学が上智大だった。

２００４年、Crystal Kay（クリスタル・ケイ）が入学した。父はアフリカ系アメリカ人、母

親は在日韓国人3世である。2007年、7枚目のアルバム「ALL YOURS」はオリコン初登場1位を記録し、Crystal Kayの伸びのある声に多くの音楽ファンは度肝を抜かれた。

2006年、青山テルマが入学している。青山の父方の祖父はトリニダード・トバゴ人で、クオーターになる。2008年、「そばにいるね」でオリコン1位を獲得し、NHK紅白歌合戦に出場した。

2人ともアメリカンスクール出身である。文部科学省の管轄外のアメリカンスクール、インターナショナルスクールなどから上智大に進み、在学中にミュージシャンとして活躍していた先輩たちがいる。アグネス・チャン、南沙織、西田ひかるなどだ。

2010年代にはアイドルが女子学生になるケースが見られた。AKB48グループで活躍した女子学生を見てみよう。

早稲田大の仲俣汐里は政治経済学部経済学科の学生ということもあって、『AKB48でもわかる経済の教科書』（——青志社）を菅下清廣（国際金融コンサルタント）との共著で刊行している。

慶應義塾大の内山奈月はAKBの研究生時代、日本武道館のコンサートで日本国憲法を暗唱し、「憲法アイドル」と呼ばれた。のちに『憲法主義　条文には書かれていない本質』（——PHP研究所）を南野森（九州大教授）との共著で刊行する。内山は同書で、安倍政権の「解釈改憲」についてこう綴っている。

「解釈改憲が手軽に行えるとしてもそれを繰り返すことは非常に危険だ。解釈改憲を繰り返すうちに本来の憲法の意味がなくなってしまいかねないからである。（略）憲法の価値とは、『誰が草案を書いたのか』とか『草案の素晴らしさ』がそれを決めているのではない。その憲法が『その国に根づいているか』『安定しているか』『運用されてきたか』ということが、その憲法の価値を定めているのだ。そういった観点から見て、日本国憲法は素晴らしい憲法であると思う」

女子学生アイドルが改憲反対を訴えた、とも読みとれる。これも社会と向き合い闘っていると言えるのかもしれない。

あとがき

ここで女子学生の歴史を探る旅を終える。
おもにメディアで報じられた女子学生をもとに女子学生の歴史を綴ってみたが、メディアはどんな目線で女子学生を伝えたかという歴史にもなってしまった。そこではメディアが抱き続けた女子学生観にひそむ差別や偏見がいくつもあぶり出されている。男性目線の古びた女性観の呪縛から逃れられない自分＝筆者がいる。自戒をこめたい。

本書で女子学生の歴史についての構想、構成を考えたとき、次のテーマからのアプローチを考えた。①社会運動、学生運動にどう関わってきたか、②雑誌、テレビなどで「女子大生」はどう消費されたのか、③犯罪、性暴力、セクハラがなぜ止まないのか、④就職活動でどう向き合ってきたか――である。これらをふり返ると、女子学生は社会と懸命に向き合い、さまざまな方法で闘ってきたことがわかる。そして、解決されていないことが多くあることを思い知らされた。

日本社会に閉塞性を感じることがある。窮屈感といってもいい。政治家が議論しているシーン、経営者が一堂に会するシーンを見て女性があまりにも少ないことに驚き、情けなさを感じる。日本を引っ張るリーダー、リーダーを支えるブレーンに女性が少ないことによって、たとえば、新型コロナウイルス感染問題で布マスク2枚配布、「お肉券」や「お魚券」といった愚策が堂々と政治課題として語られてしまうのではないか。せめて、リーダーの脇を固めるブレーンに女性がもっといれば、非常時で求められる援助のあり方について理性的な判断ができたのではないか。

1970年代、80年代、当時の女子学生が差別や偏見にさらされることなく今日まで活躍し、国会や省庁など政策に関わるポジションで発言力を持っていれば、もう少しまともな政治が行われたのではないかと考えたくなる。人権意識の薄さ、ヘイトの横行なども、いまよりはましな社会になっていたのでは、と思いたくなる。将来、日本のリーダー、優れたブレーンになるべく、いまの女子学生に期待したい。日本を少しでも良くするためにも。

2010年代、女子学生が大学生全体のようやく半分に近づいた。

2019年、全体の学生数（学部1～4年、医歯学部と薬学部薬剤養成系学科1～6年）は260万9148人。うち女子学生は118万3962人。女子学生比率は45・4％であり、年々、増えている（——文科省データ）。

しかし、女子学生が困難な思いを強いられた時代は終わっていない。差別される、区別される、偏見にさらされるという状況は、建前として男女平等の教育が行われ、男女雇用機会均等法ができたからといって改善されてはいない。

女子学生は、「女だから」という自分たちに対する理不尽な体制、入試や就職など社会からの女性排除の流れに挑んできた。女子学生の歴史を振りかえると、やはり闘いの連続と言っていい。女子学生が闘わなくて済むような社会を作ること、それがわたしたちに課せられた大きな課題であり、わたし自身、その課題を解決するために発信していきたいし、運動に関わっていきたい、

本書で、女子学生について適切でない表現で記したところがあるかもしれない。それはわたしのいたらないところであり、ご指摘いただけると幸いである。本書を執筆するにあたって、編集担当の穂原俊二氏、岩田悟氏にたいへんお世話になった。お礼申し上げたい。また、本文の内容について、多くの方から助言をいただいた。お叱りを受けることもあった。この場を借りてお礼申し上げたい。

「ありがとうございます」

おもな参考文献

〈学校史〉

・『学制百年史』（文部省 １９７２年）
・『茨城大学五十年史』（茨城大学五十年史編集実行委員会 ２０００年）
・『学習院大学五十年史』（学習院大学五十年史編纂委員会 ２０００年）
・『お茶の水女子大学百年史』（お茶の水女子大学百年史発行委員会 １９８４年）
・『奈良女子大学百年史』（奈良女子大学百年史編纂委員会 ２０１０年）
・『東京大学百年史』（東京大百年史編集委員会 １９８７年）
・『津田塾大学１００年史』（津田塾大学・百年史編纂委員会 ２００３年）
・『聖心女子学院創立 50年史』（聖心女子学院 １９５８年）
・『昭和女子大学七十年史』（昭和女子大学 １９９０年）
・『福岡女子大学五十年史』（福岡女子大学五十年史委員会 １９７３年）
・『フェリス女学院１００年史』（フェリス女学院 中央公論事業出版 １９７０年）
・『神戸女学院百年史』（神戸女学院百年史編集委員会 １９７６年
・『実践女子学園八十年史』（実践女子学園八十年史編纂委員会 １９８１年）
・『高松高等学校新聞縮刷版』（香川県立高松高校 ２０１３年）

〈評論、ルポ、記録〉

・『ナショナリズムとジェンダー 新版』（上野千鶴子 岩波現代文庫 ２０１２年）
・『女たちのサバイバル作戦』（上野千鶴子 文春新書 ２０１３年）
・『女ぎらい』（上野千鶴子 朝日文庫 ２０１８年）
・『上野先生、フェミニズムについてゼロから教えてください！』（上野千鶴子、田房永子 大和書房 ２０２０年）

・『女子学生の生態』（永井徹 河出書房 1953年）
・『日本の女子学生——三代女子学生の青春譜』（唐澤富太郎 講談社 1958年）
・『女子学生の歴史』（唐澤富太郎 木耳社 1979年）
・『女子大学』（池田論 日経新書 1966年）
・『戦後学生運動資料 全7巻』（三一書房 1968〜1970年）
・『女子学生 女にとって大学とはなにか』（田中美智子、安川悦子ほか 三一新書 1969年）
・『中核vs革マル』（立花隆 講談社 1975年）
・『日本女性史〈第4巻〉近代』（女性史総合研究会 東京大学出版会 1982年）
・『未来みつめるヒロインたち——女子大生白書』（全日本学生自治会総連合 汐文社 1983年）
・『キャンパスの悪女たち——可愛い女子大生たちの赤裸々な私生活の実態』（本橋信宏 ミリオン出版社 1983年）
・『大学教授の女子大生観察ノート』（千蔵八郎 草思社 1987年）
・『自堕落にもほどがある』（黒木香 ネスコ 1987年）
・『東大卒の女性——ライフ・リポート』（東京大学女子卒業生の会・さつき会 三省堂 1989年）
・『女子学生興国論』（池井優 共同通信社 1991年）
・『女子学生が読むビタミン——元気に社会に出るために』（私たちの就職手帖編集部OG会 三修社 1991年）
・『超氷河期だって泣き寝入りしない！——女子学生就職黒書』（就職難に泣き寝入りしない女子学生の会 大月書店 1996年）
・『女子学生堕落マニュアル：健全な女子学生は、本書の真似はしないでください。』（非行問題研究会 データハウス 1995年）
・『全共闘からリブへ——銃後史ノート戦後篇』（女たちの現在を問う会 インパクト出版会 1996年）
・『55年体制成立と女たち——銃後史ノート戦後篇』（女たちの現在を問う会 インパクト出版会 1997年）
・『ちから教授が集めた女子大生の内緒話』（加藤主税 近代文芸社 1997年）
・『桶川女子大生ストーカー殺人事件』（鳥越俊太郎取材班 メディアファクトリー 2000年）
・『女子大生がカウンセリングを求めるとき：こころのキャンパスガイド』（鈴木乙史、佐々木正宏、吉村順子 ミネルヴァ書房 2002年）
・『新制名古屋大学 第一期女子学生の記録』（文月の会 2003年）
・『私の女高師・私のお茶大一九五〇年代学生運動のうねりの中で』（東京女高師お茶の水女子大学五〇年代を記録する会 2005年）

・『東大姉妹の合格勉強術〜私たち、これで東大に入りました。』（木村美紀・衣里 集英社 2011年）
・『女性と学歴：女子高等教育の歩みと行方』（橘木俊詔 勁草書房 2011年）
・『SEALDs 民主主義ってこれだ！』（SEALDs 大月書店 2015年）
・『民主主義は止まらない』（SEALDs 河出書房新社 2016年）
・『ルポ東大女子』（おおたとしまさ 幻冬舎新書 2018年）

〈手記、エッセイ、女子学生を描いた小説など〉

・『キリマンジャロの雪 女子学生アフリカ横断記』（鈴木耿子 古賀游文堂 1958年）
・『女子大学生 私は勝負する』（門脇順子 東西文明社 1959年）
・『人しれず微笑まん 樺美智子遺稿集』（樺美智子 三一書房 1960年）
・『パルタイ』（倉橋由美子 文藝春秋新社 1960年）
・『されどわれらが日々』（柴田翔 文藝春秋 1964年）
・『パンとぶどう酒と太陽と』（神原くにこ 大泉書店 1964年）
・『青春の墓標――ある学生活動家の愛と死』（奥浩平 文藝春秋新社 1965年）
・『太陽と嵐と自由を』（柏崎千枝子 ノーベル書房 1969年）
・『女子全学連五人の手記』（吉原いさみ ほか 自由国民社 1970年）
・『二十歳の原点』（高野悦子 新潮社 1971年）
・『わが愛わが革命』（重信房子 講談社 1974年）
・『僕って何』（三田誠広 河出書房新社 1977年）
・『もう頬づえはつかない』（見延典子 講談社 1978年）
・『七人の敵が居た』（石川達三 新潮社 1980年）
・『なんとなく、クリスタル』（田中康夫 河出書房新社 1981年）
・『愛より速く 二三歳、性の自叙伝』（斎藤綾子 JICC出版局 1981年）
・『ANO・ANO スーパー・ギャルの告白メッセージ』（下森真澄、宮村優子 徳間書店 1983年）

・『私たちはバカじゃない――オールナイトフジで〜す』（フジテレビ出版　１９８４年）
・『伊代の女子大生モテ講座』（松本伊代　ペップ出版　１９８５年）
・『アニーの１００日受験物語――私は、コツコツ勉強する優等生ではなかった』（菅野志桜里　ごま書房　１９９５年）
・『サクラサク。――わたしの東大合格物語』（高田万由子　ビジネス社　２０００年）
・『ミス東大　加藤ゆりの夢をかなえる勉強法』（加藤ゆり　中経出版　２００９年）
・『アイドル受験戦記　ＳＫＥ48をやめた私が数学0点から偏差値69の国立大学に入るまで』（菅なな子　文藝春秋　２０１６年）
・『今日からできる！東大脳の育て方』（八田亜矢子　ソニブックス　２０１０年）
・『地下アイドルが1年で東大生になれた！合格する技術』（桜雪　辰巳出版　２０１６年）
・『地下潜行　高田裕子のバラード』（社会評論社　高田武　２０１８年）
・『老いぼれ記者魂　青山学院　春木教授事件四十五年目の結末』（早瀬圭一　幻戯書房　２０１８年）
・『わが道を行く――職場の女性の地位向上をめざして』（影山裕子　学陽書房　２００１年）
・『黒川能』（船曳由美　集英社　２０２０年）

〈新聞、雑誌、専門誌、機関誌〉

・朝日新聞、読売新聞、毎日新聞、産経新聞、東京新聞、日刊スポーツ、報知新聞、スポーツニッポン、デイリースポーツ、赤旗、聖教新聞。
・「週刊朝日」「サンデー毎日」「朝日ジャーナル」「週刊読売」「週刊文春」「週刊新潮」「週刊現代」「週刊サンケイ」「週刊ＳＰＡ！」「新潮45」「文藝春秋」「中央公論」「諸君」「月刊現代」「情況」「現代の眼」「ジュリスト」「判例時報」「螢雪時代」「高3コース」「週刊女性」「女性自身」「女性セブン」「an・an」「non-no」「JJ」「ViVi」「CanCam」「Ray」「週刊プレイボーイ」「週刊平凡パンチ」「Hot-Dog PRESS」「POPEYE」「BRUTUS」「Fine」「前進」「解放」「戦旗」

小林哲夫 こばやし・てつお

1960年神奈川県生まれ。教育ジャーナリスト。
教育、社会問題を総合誌などに執筆。
『神童は大人になってどうなったか』(太田出版)、
『高校紛争 1969-1970』(中公新書)、
『シニア左翼とは何か 反安保法制・反原発運動で出現』、
『早慶MARCH 大学ブランド大激変』(以上、朝日新書)、
『東大合格高校盛衰史』(光文社新書)、
『ニッポンの大学』(講談社現代新書)、
『中学・高校・大学 最新学校マップ』(河出書房新社)、
『飛び入学 日本の教育は変われるか』
(日本経済新聞社)など著書多数。

イラストレーション: 西山寛紀
ブックデザイン: 鈴木成一デザイン室

女子学生はどう闘ってきたのか

2020年5月25日　第1刷発行

著者　小林哲夫
編集・発行人　穂原俊二
発行所　株式会社サイゾー
〒150-0043 渋谷区道玄坂1-19-2 3F
TEL: 03-5784-0790
FAX: 03-5784-0727
印刷・製本　株式会社シナノパブリッシングプレス
DTP　inkarocks
ISBN978-4-86625-128-8 C0095